读 懂 女 孩

[日] 黑川伊保子 著
木兰 译

时代出版传媒股份有限公司
安徽少年儿童出版社

著作权登记号：皖登字 12222083 号

MUSUME NO TORISETSU
by Ihoko KUROKAWA
© 2020 Ihoko KUROKAWA
All rights reserved.
Original Japanese edition published by SHOGAKUKAN.
Simplified Chinese characters translation rights in China arranged with SHOGAKUKAN
through BARDON CHINESE CREATIVE AGENCY LIMITED.
中文简体字版权归上海高谈文化传播有限公司所有

图书在版编目（CIP）数据

读懂女孩 /（日）黑川伊保子著；木兰译 . — 合肥：安徽少年儿童出版社，2023.6
ISBN 978-7-5707-1879-5

Ⅰ.①读… Ⅱ.①黑… ②木… Ⅲ.①女性—家庭教育 Ⅳ.① G78

中国国家版本馆 CIP 数据核字（2023）第 053919 号

读懂女孩
DU DONG NÜHAI

［日］黑川伊保子 著
木兰 译

出 版 人：李玲玲	策划统筹：张春艳	责任编辑：张春艳
责任校对：徐庆华	特约编辑：宣慧敏　潘丽萍	责任印制：郭 玲
装帧设计：薛 芳　叶金龙		

出版发行：时代出版传媒股份有限公司　http://www.press-mart.com
　　　　　安徽少年儿童出版社　E-mail：ahse1984@163.com
　　　　　新浪官方微博：http://weibo.com/ahsecbs
　　　　　（安徽省合肥市翡翠路 1118 号出版传媒广场　邮政编码：230071）
　　　　　出版部电话：（0551）63533536（办公室）　63533533（传真）
　　　　　（如发现印装质量问题，影响阅读，由本社出版部联系调换）
印　　制：安徽新华印刷股份有限公司
开　　本：787 mm×1092 mm　1/32　印张：5.25　字数：110 千字
版　　次：2023 年 6 月第 1 版　　2023 年 6 月第 1 次印刷

ISBN 978-7-5707-1879-5　　　　　　　　　　　　　　　定价：39.80 元

版权所有，侵权必究

目录

前言 ··· 001

第一章 父亲留给女儿的东西 ························· 001
这里是让妈妈感到幸福的家 ···································· 003
女儿从父亲那里寻求理想男性的形象 ················· 006
自我意识的削弱 ·· 007
父亲的悲伤 ·· 009
脑海中的父亲 ·· 013
整理好行囊吧 ·· 016
父亲的家书 ·· 019
父亲的遗言 ·· 022
不诚实的女儿 ·· 028

第二章 父亲与女儿沟通的技巧 ························· 033
沟通是有法则的 ·· 035
"5W1H"式提问会让被问者的大脑进入战斗模式 ······· 036
讨人嫌的父亲与惹人爱的父亲哪里不同 ············· 039
对话有两种模式 ·· 040

只有心灵对话，才能编织出家庭的羁绊 …… 042

话题的引子 …… 044

察觉对方的变化，以此展开对话 …… 046

把自己的故事当作话题的引子 …… 048

询问女儿意见 …… 050

家里添了新生儿时，不妨更加依赖长女 …… 052

主动示弱 …… 055

成为女儿的英雄 …… 059

跟女儿聊聊关于物理和数学的话题 …… 063

告诉女儿学习的目的 …… 066

不要让女儿过早地"应试学习" …… 067

把女儿从社会标准的束缚中解放出来 …… 071

与处于青春期的女儿的相处之道 …… 074

女儿觉得父亲身上有异味是正常的 …… 077

请露出受伤的表情吧 …… 080

轮到母亲出场了 …… 082

处理好家人间的关系 …… 084

和女儿谈论社会热点话题 …… 086

拼了命也要阻止女儿在青春期减肥 …… 089

不是性格不好，而是营养不良 …… 092

不要用甜食充当早餐 …… 094

女儿长大后要拥有赚钱养家的能力 …… 096

不结婚也是人生选项 ·························· 097

第三章　培养能够抓住幸福的女儿 　101
自恋的女孩 ································· 103
好孩子综合征 ······························· 109
削弱女儿的自我意识是父亲的工作 ············· 113
首先，请父亲无条件地爱女儿 ················· 115
接下来明确告诉女儿，她不是最重要的 ········· 117
不能以"成为有作为的人"为目标 ············· 119
自己创造出来的疾病 ························· 121
彻底贯彻妻子优先的原则 ····················· 125
要有不抱怨妻子的觉悟 ······················· 127
要有维护妻子的觉悟 ························· 128
有时也需要维护女儿 ························· 132
父亲给予女儿对丈夫的信任 ··················· 136
跟女儿聊聊她出生时的事情 ··················· 137
给女儿"不必赢过谁，只要在这里就好"的感觉 ·· 140
父亲的悲伤造就女儿的自尊心 ················· 142
父亲向女儿传达悲伤的方法 ··················· 145

后记　149
养育女孩的40个秘诀　154

前言

本书是为父亲而写的。

我觉得父女关系是这个世界上最密切的男女关系。女儿通过观察父亲了解男性。从优秀的父亲身上，女儿可模糊勾画"理想对象"的样子，这么说也不为过。

父亲的责任质朴而重大。若你希望女儿幸福，请不要放下这本书。

如果你得知妻子肚子里的宝宝是女孩，请阅读本书。

如果你的女儿天真地跑过来说要嫁给爸爸，你也为此感到满心欢喜，请阅读本书。

如果你被处于青春期的女儿嫌弃而不知所措，请阅读本书。

如果你担心30多岁的女儿不谈恋爱、不结婚，请阅读本书。

如果你的女儿回娘家坐月子，请阅读本书。

如果你的女儿生了个女孩，请将本书赠予你的女婿。

如果你想和成年的女儿促膝长谈，请阅读本书。

在本书中，我想讲一讲父亲与女儿沟通的方法，以及培养女儿幸福力的诀窍。

无论是怀抱着刚出生的爱女的父亲，还是被处于青春期的女儿排斥的父亲，抑或是感到与长大成人的女儿无话可说的父亲，阅读本书都会对你们有所帮助。

父爱将守护女儿的一生，但是要想守护好女儿，父亲与女儿的沟通需要一些技巧。因为父女不像恋人那般，只要关系亲密就行了。要想当一位好父亲，你还需要一点儿觉悟和一些知识。

我希望女性也阅读这本书。你会明白让女性幸福的东西的最初的组成部分是什么。如果没有从父亲那里得到这个东西，那么你就要自己去争取。

在人们的"家庭逗留时间"极度变长的后疫情时

代，有两样东西被重新审视，那就是"家庭"和"家人"。孩子们可以再次窥见父亲工作的身影；家人重新团聚，开启了既古老又崭新的家庭生活方式。

在这种变化中，家人原先的生活状态被迫改变。有的夫妻因新冠疫情而离婚，但也有"因新冠疫情结婚"和"因为新冠疫情，重新认识了丈夫"这样的事情发生。父母与子女的关系也同样发生了改变。

被可爱的女儿讨厌，还是被另眼相看，父亲忐忑不安，觉得不学习与女儿的沟通技巧不行。但是，读完这本书的父亲，一定能与女儿愉快地相处。

其实，女儿并不是真的讨厌父亲。如果父亲了解"让女儿大脑成熟的方法"，女儿就能更早地走上幸福之路。

作为人工智能工程师，在对人类与人工智能交流的研究中，我注意到了男女大脑在"应急处理方法"上存在差异。我确信，如果能巧妙地克服男女沟通方式的差异，人类就可以更加幸福。

加油吧，父亲！

第一章

父亲留给女儿的东西

本章我想讲述父亲留给我的东西。那是只有父亲才能留下的，而且，大多是父亲在无意识中留下的。

这个东西是被处于青春期的我极度嫌弃的父亲送给我的礼物，它就是造就女儿的自尊心、持续为女儿指明道路的父爱。

想尽快处理好与女儿关系的人，请从第二章开始看，看完后如果有时间再来看本章。

这里是让妈妈感到幸福的家

父亲最大的功劳，就是让我"信任男性"。

上小学五年级时的某一天，我与母亲大吵了

一架。

原因我不记得了，但是母亲指责我的话有点儿自相矛盾。我得理不饶人，母亲被逼得说不出话来。就在我们二人僵持不下的时候，父亲回来了。看到父亲，母亲眼泛泪花。我觉得她用这招太不厚道了。

我与父亲很像，而且我还是备受父亲宠爱的女儿。如果说清事情的原委，我相信父亲一定会理解我的。

然而事与愿违。父亲默不作声地听完我的诉说后，平静地说道："我不知道是你对还是你妈妈对，不过，我要跟你说件事，这里是让妈妈感到幸福的家，你把妈妈惹哭了，就是你不对。"

我万分震惊，大脑一片空白，不过我最先感受到的是"爸爸好酷"。

原来是这样啊！这里是让妈妈感到幸福的家啊！我茅塞顿开，心中的郁闷一扫而空。从大局来看，如果是无关紧要的事情，即使有点儿没道理，也可以按照妈妈的意愿来做。毕竟，妈妈也是我深爱的人。

男人一旦认定一个女人为妻子后，就不会严格按照是非标准判断她的对错，或者在日常生活中考验爱情的深度。就这一点，父亲给我好好地上了一课。

直到现在，我都不喜欢在家人之间争论孰是孰非。只要家人幸福就好了，别人说三道四又何妨？

这35年来，我们家让我觉得很幸福。儿媳妇希望跟我们同住的那天，我宣布："我决定了，从即日起，这里就是给你幸福的家。"

儿媳妇笑口常开的话，一切都会顺利。她的快乐会感染周围的人。她就是这种女性。我的母亲也是这样的人。

"你妈妈还真是万年不变的少女啊！"这句话是父亲的口头禅。或许终身守护妈妈，让她能够保持少女般的烂漫，是父亲的骄傲。因此在我眼里，父亲也是"万年不变的青年"。

女儿从父亲那里寻求理想男性的形象

我信任男人。我相信,如果有一位女士和男士们在同一场合,即使她是满脸皱纹的老太婆,在场的男士也做不到对她冷酷无情。因此,即使丈夫有时对我冷言冷语,我也会觉得"他其实很珍惜我,只是一时冲动才会这样说话"。当我参加跳舞比赛,在地板上高速旋转时,我也完全相信舞伴会保护我。

现实中或许有事与愿违的时候,但是我知道,即便如此,男人们也一定拼尽了全力。

让我产生这种信任的人就是我的父亲。因为我的父亲正是这样对待我的母亲的。

女儿不是在"父亲为我做的事情"中寻求答案,而是在"父亲对妻子的所作所为"中寻求理想男性的形象。

自我意识的削弱

如果那天父亲袒护我说:"就是嘛,孩子他妈,你就爱冲动,这可不行啊!"那我一定会为战胜了母亲而沾沾自喜,并且会因为自己是父亲钟爱的女儿而自我膨胀。

如果女孩不能控制膨胀的自我,过分注重打扮,只想用学历和名牌物品装饰自己,那结果就是,一旦出现比她更讨人喜爱的女孩,她就会烦躁不安,非与人一决高下不可。

女孩在青春期时,其自我意识一旦膨胀,便是无止境的。她会觉得自己"一厘米长的刘海"都是"世界上一等一的大事"。刘海剪失败了就是天大的灾难,宁死也不去学校。如果一个女孩就这样长大,那真的很可怜。

假设女孩的目标是"成为出色的人",那么一旦被别人稍微批评一下,她就仿佛坠入万丈深渊。但是,如果女孩的目标是"练就一流的本领"的话,即使被斥责,她也会觉得自己还差得很远,拥有一流的本领岂是那么容易的!

树立第二种目标的人具有"乐观开朗、不屈不挠的精神"。尽管没有强迫自己努力,她照样能走向更远的目标。在憧憬获得一流的本领的过程中,她不知不觉便踏上了更高的台阶。而且,"自我意识过强,焦躁不安的女性"与"锁定目标,乐观开朗的女性"相比,后者的受欢迎程度更高,也更容易得到周围人的支持。同样的人生,后者的活法岂不是更好?

为此,女孩必须巧妙地"修剪"少女时期的自我意识。这就是自我意识的削弱。

在现实生活中,通过挫折体验,大部分女孩都知道了自我的存在,但这个自我没有大到占据半个世界。

但是,在自我膨胀的状态下,如果被心仪的男孩拒绝了,或者在芭蕾剧中没有担任主角,很多女孩就会痛彻心扉。若想让女儿毫无痛苦地进行自我意识的削弱,除"父亲绝对让妻子优先"以外,别无他法。

有了女儿之后,男人绝对不能无视妻子的存在。这样做是为了赋予"长大后的女儿"信任男性的力量,以及培养她们乐观开朗、不屈不挠的精神。

父亲的悲伤

我的父亲常把"好伤心啊"这句话挂在嘴边。

我要是说不想做什么,他就说"真是一件令人伤心的事情啊";我要是说最讨厌什么,他就会说"那真是一件伤心事啊"。

所以每次我都停下来,努力不使小性儿。比起"赶紧做""不准"等言辞,父亲表现出来的悲伤更令我有所触动。

我几乎没有被父亲责骂过的记忆。

父亲是高中老师。他从不对我的成绩说三道四，也绝口不提我的作业。他似乎认为"学校的功课，就应该在学校里完成""只知道一味布置作业的老师不是好老师"。不过，为了防止说漏嘴，在学校的时候，我尽量在老师们面前保持沉默。

关于礼貌问题，我也没有被教训过。回看小时候的照片，会发现3岁的我在隔扇上打个洞钻过去的身影；6岁左右的我横躺着将脚伸进围棋盒子里玩耍的场景。

值得注意的是，正在与朋友下棋的父亲完全不在意，而拿着相机拍照的母亲只是觉得我这样做很有意思。

我的母亲也有不按套路出牌的时候。外婆家走廊的墙壁上，就留有我5岁时按下的手指印。在油漆还没干透的墙壁上，我画了一幅相当大胆的线条画。母亲非但没有斥责我,反而称赞它"像现代派艺术画",将其原封不动地保留了下来。对于新房子来说,这幅画是"一个巨大的瑕疵",而对于长大的我来说,这幅画是一座重要的纪念碑,它传达出那时父母对我的宠爱。

但如此爱我的父亲也曾打过我一次。我早就不记得挨打的原因了。

当时，父亲为什么用筷子打我的手腕呢？父亲喜欢用一双粗大的黑檀木筷子吃饭。他打我的时候用了筷子的顶端（用手夹的地方）。估计是在他拿筷子的那一刻，我的什么举动惹恼他了吧。

随着一声沉闷的砸到骨头的声音，我的手腕上眼看着出现了两道红印子。我记得剧烈的疼痛让我大吃一惊。"你干什么啊？！"我不确定母亲是否这样呵斥过父亲。

如今还历历在目的只有父亲那悲伤的面孔。他盯着我的手腕，流露出悲伤的神情。

估计父亲没想到用筷子敲我，后果会如此严重吧。他在训斥我之后，连"不要紧吧"也没能说出口，只是不知所措地看着泪水在眼眶里打转的我。父亲一定非常伤心。

我失声痛哭，因为比起疼痛，我还对父亲的悲伤产生了共鸣。

脑海中的父亲

虽然是这么简单的一件事，但那个瞬间的记忆，对我的人生产生了巨大的影响。因为在我年轻的时候，支撑我前进的正是父亲那悲伤的面孔。

我属于在《男女雇用机会均等法》①实施前就参加工作的一代人。那是一个性骚扰、职场骚扰如同家常便饭的时代。一个学历不起眼的女工程师，仅仅因为这一点，我就被贴上了"三流"的标签。其实我也觉得自己是三流水平，但如果人们连我的提案都不想听，那么我连自己是不是三流水平都证明不了。

有时我被人当面指责："你们公司太小瞧我们

---

①《男女雇用机会均等法》：该法制定于1985年，旨在为日本劳动者创造良好的雇用环境，使劳动者不受性别歧视。

了,竟然派个女人过来。"他们一句话也不让我说,就把我赶回来了。即使参加会议,我也像透明人一样被对待。交换名片时更被排除在外,而且这种事情发生过不止一次。要是我被学界泰斗青睐,就会被人说:"哎呀,你是用了什么招数呀?"(顺便说一句,与我共事的工程师们从未这样对待过我。)

那些看不起我的人大多数是"说起职业女性,只听说过秘书"这样的大人物。想必他们没有恶意,因为对于老一辈的男性来说,职业女性是很罕见的。

每当委屈流泪时,我都会想到父亲。为了我,父亲一定会从心底感到悲伤吧。他一定会为我打抱不平吧。但实际上,我从没有向父亲抱怨过。正因为知道父亲会伤心,所以我的心灵才没有被污染。

当男朋友移情别恋时,我"脑海中的父亲"也会替我悲哀。如此一来,我便可以直起腰板儿,挺起胸膛。即使不被任何人需要,至少我还有一个活在这世上的理由。

我之所以没有打耳洞，并且遵守门禁时间，是因为如果不这么做，我觉得父亲会伤心。

如果用语言来形容父亲的悲伤所带给我的东西，那就是"自尊心"。它是一种内在的力量，可以将污染自己的东西反弹回去。

女儿被父亲训斥时，她不是因为害怕而约束自己，而是因为感受到父亲的悲伤才严于律己的。

昭和年代（1926—1989）的父亲不像平成年代（1989—2019）的父亲那样可以跟女儿打成一片。很多父亲无法巧妙地表达对日益成长的女儿的关爱之情，只能在稍远处偶尔流露出忧伤的神情。但是很多时候他们笨拙的言行也能打动女儿的心。

平成年代的父亲温柔、灵巧、睿智。或许他们更擅长抓住机会传达悲伤。平时，他们为了讨女儿欢心，对其娇生惯养，不会去责备她们。但我认为，即使不责备，在某些事情上也要传达作为父亲的悲伤。

整理好行囊吧

我的脑海里还时常浮现与父亲在一起的另一个场景。

19岁那年的春天,我离开家准备搬进大学宿舍。父亲在我启程的前一天晚上盘膝而坐,为我唱了一首《惜别之歌》。

不忍与君远离别
惆怅登高楼
朋友啊,莫要悲伤
整理好行囊吧

你那清澈的眼神
你那红艳的双唇
你那靓丽的秀发

期盼他日还能相逢

——中央大学前校歌,改编自岛崎藤村的诗作《高楼》

父亲究竟是一个怎样的存在呢?

我与父亲的关系比一般的父女关系更好。直到上高中之前,在冬日寒冷的早晨,我都还会把脚伸到父亲的被窝里取暖。

尽管如此,对于一心憧憬未来的19岁女儿来说,离开父亲,踏上未知的旅途,我的心中并没有丝毫不舍。当时的我做梦也没有想到,那一次离家后,我就再也没有回家长住过。然而,我估计父亲是知道这一点的。他知道在我人生的长河中,这是一场永远的离别。

其实,当时我听到这首歌,没有任何感触。但不知为何,这首歌被我牢记于心。每当我沮丧的时候,总是有一句歌词萦绕耳畔。

朋友啊,莫要悲伤,整理好行囊吧。

父亲嘹亮的歌声环绕着我,让我不由得挺起胸膛——前路漫漫,赶快整理好凌乱的行囊,为了明天做好准备吧。

现在,人生的旅途我已走了大半。多亏了父亲,我觉得这是一次美好的旅行。

父亲的家书

前几日,我收到了一封女性读者的咨询邮件。

她说她8岁和14岁的儿子平日里很温顺,但一旦情绪激动起来就会爆粗口(说"去死吧"等)。实际上,因为家庭暴力,她与丈夫正在分居。在邮件的最后,她写道:"我担心孩子们将来会变得像他们的爸爸那样。我明明告诉过他们说脏话是很恶劣的事,可他们始终不听。我该怎么办呢?"

"告诉他们这是很恶劣的事"这个说法引起了我的注意。

这种做法看似有意义,实则毫无效果,因为如果被孩子们反问"为什么不好",做妈妈的免不了又要说教一番,孩子们听不进去,结果也是徒劳的。仅凭口头告诫,恐怕无法传达出事情的本质。

但是,母亲表现出来的悲伤一定会对他们有影响。母亲要惊讶而悲恸地说:"我呕心沥血养大的儿子竟然这样说话,没有比这更让人伤心的事了。"这样做更能表现事情的严重性。于是,我这样给她回信:

> 正确的方法不是告诉他们这是一件坏事,而是母亲要真切地表现出悲伤。这世上有一种东西,只有通过母亲的悲伤才能被激发出来,那就是孩子的自尊心。当听到那样的话时,首先,您要平静地跟孩子们说:"我不想从你们口中听见'去死吧''宰了你'之类的话,因为这样晚上我会伤心流泪。"然后,你停下手中的家务,伤心地躲在自己的房间里不出来。

父亲的悲伤造就了女儿的自尊心,而儿子的自尊心是由母亲的悲伤激发出来的。为了不让母亲伤心,儿子一定会咬紧牙关面对困难。无论是哪个男孩,都会理解这种心情。

我身为男孩的母亲,却对此一无所知。教会我这些的还是我的父亲。

那是我生下儿子半年左右时发生的事情。儿子非常可爱,所以我犹豫要不要回归职场。就在这个时候,我收到了来自父亲的一封长长的家书。信的主要内容是"请做一位职场妈妈"。

> 母亲有时必须情绪激动。对于男孩来说,有些事情只能通过母亲的悲伤来传达。你太大大咧咧了,我担心你作为母亲,情绪表现得不够明显。你若是二十四小时跟孩子在一起,他一定会被宠坏的。出去工作刚刚好。请按照原定计划,回归职场吧。

当时流行的育儿法是"不对孩子吼叫"。然而,父亲告诉我,作为母亲必须时而声色俱厉,时而痛心疾首。

我之所以没有中断职业生涯,完全是因为父亲的家书和婆婆的大力支持。

女人的人生道路充满险阻。但是,我们有父亲。对于女儿的伤心事,他比女儿还要伤心,他是一个形象高大的男人。对于女儿来说,父亲不同于丈夫,他是一个非常重要的无法割舍的男人。

当一个女儿的父亲,可不是件容易的事。接下来,我想用两小节讲述我关于父亲的回忆。因为我想留下父亲存在过的印记。

父亲的遗言

在我十几岁的时候,漫画书《凡尔赛玫瑰》风靡一时。主人公是两个女子,一个是虽为女儿身却被当作男孩养大的奥斯卡,一个是身为皇后又与异国的伯爵坠入爱河的玛丽·安托瓦内特。这部描写风云突变的法国大革命的漫画书，一下子抓住了彼时少女们的芳心。故事将禁忌之恋与男人们赌上性命与荣誉向前突进的革命，紧密地交织在一起。

1974年，宝冢歌剧团上演了根据这部漫画书编创的歌剧。"凡尔赛玫瑰"成为社会现象。当时，我在上高中，老师正讲到世界史中的《法国大革命》这一章。

实际上，我的世界史老师是我的父亲。他是高中社会学老师，我就读的正是父亲所在的学校。他一定是读了我的《凡尔赛玫瑰》才提起这个话题的，他企图引起女高中生们对世界史的兴趣。在黑板上不慌不忙地写完"法国大革命"之后，父亲回过头来微微一笑，说道："对了，就是那个凡尔赛花朵。"

真是弄巧成拙！同学们哄堂大笑，接下来大家都前所未有地集中注意力听讲。然而，作为17岁的

女儿，父亲的这次口误让我无地自容，脑袋里一片空白。最终，关于法国大革命的内容我一个字也没听进去。各位读者可以想象到，当天晚上，40多岁的父亲被高中生女儿骂得有多惨。

这样的父亲于几年前，在他85岁的时候去世了。

在父亲去世的三周前，他最后一次见我儿子的时候，他们热烈地讨论了法国大革命。那是我和儿子看完电影《悲惨世界》之后的事情。

"看完电影《悲惨世界》后我才知道,原来法国大革命不是一蹴而就的啊。"儿子说道。

"啊,是呀。法国大革命所获取的成果,是几经险阻、浴血奋战得来的。这与日本人所想象的自由从本质上讲是不一样的。其实,外公的毕业论文的标题就是《法国大革命》。"父亲微笑着说道。我这做女儿的也是头一回听说。

父亲用轻柔的声音,唤了一声儿子的名字,然后说:"你在高中学过世界史吗?"

"学过。那是大学入学考试的必考科目。"儿子答道。

紧接着,父亲抱歉地说:"对不起,世界史是一个不完整的学科。"

战后不久,父亲就到东京教育大学(现今的筑波大学)学习国际政治学。估计那所大学是搭建战后教育框架的主要大学之一吧。父亲在那里亲眼看到了世界史这门学科是如何诞生的。

"战后没多久我们就创建了世界史这门学科。但是,一线的教育工作者们被难住了。西洋史与东洋史水火不容。60多年过去了,世界史依旧不完整。让你们学了这种学问,真是对不起。"

父亲在课堂上的确是想让东洋史和西洋史融合在一起。他的教学方法很特别。

他在黑板中间画一条线,先将黑板划分为上下两个部分,再将其左右分开,划分为四块。左上角写西洋史,右上角写同时期的东洋史。两者的下方分别写上同时期发生的文化事件和其他特殊事件。

父亲让学生们一定要将笔记本展开使用,并照着板书的样式,原封不动地抄写下来。有时根据所说的主题,父亲要在黑板上四处板书,就像完成一幅画一样。所有主题,父亲都准备了展开的故事。

听了父亲的课,学生不仅能零星地了解年号和历史事件,"世界的那个瞬间"仿佛也能呈现在眼前。

哎呀，我要是再认真点儿听那堂课就好了。握着时日无多的父亲的手，我产生了深深的悔意。我浪费的不仅是父亲讲述法国大革命的课堂时间（对于理科生来说，世界史什么的并不在我的考试范围之内，在某种意义上，我只是用它来放松一下），还是跟父亲在一起的时光。

同为理科生的儿子平静地接受了父亲的道歉，说了声"知道了"。他没有说"外公，那不是您的错"。这就是儿子的可取之处。他通过自己的举动，认可了当时不过是一名普通教师的外公为创设世界史学科而做出的努力。

失去外公之后，我的儿子开始阅读因电影《阿拉伯的劳伦斯》而名声大噪的英国上校托马斯·爱德华·劳伦斯写的《智慧七柱》。他说，他想从这位作家的文章中触及世界历史。

父亲留给我的儿子的东西与留给我的截然不同，那是一种类似大局观的东西。

事实上,父亲对我的儿子说的那番话成了他的遗言。

从医院回来的路上,我突然想起了父亲信口说出"凡尔赛花朵"的瞬间。那时他是一个比现在的我还要年轻的40多岁的健康男子,丰神俊朗,生性豁达。做这个人的女儿是一件相当幸运的事情。

好想再见父亲一面啊!我那天晚上那样骂你,对不起啊,爸爸!

不诚实的女儿

下面我写的是父亲生前发生的事情。

父亲晚年致力于学习英语。有一天,他从老家怒气冲冲地打来电话。说是此前他托我寄到老家的英语专业书的字太小了,看不清。

父亲原本是栃木县一个小镇上的高中社会学老师。退休后,他开始学习英语,英语与他的人生没有半点儿关系,但不知为何,他一往无前。

这通愤怒的电话是他在学了14年英语之后、于83岁高龄时打来的。他的英语水平已经远远超过了作为高考生的他的外孙,高中英语教材对他来说已经不够用了。父亲感觉缺少学习材料,因此跟我说想要英语专业书,我在网上找到他指定的书籍,买下后直接给他寄了过去。想必是那本书的字,对于83岁的父亲来说太小了。

温厚老实的父亲罕见地情绪激动,厉声说道:"你自己看过那本书吗?你就是用电脑随便一搜,就买下寄过来的吧?一点儿诚意都没有。"他接着说道,"你自己看看这本书,确认一下是不是老花眼也能看。你现在立刻给我过来。你也身为人师,可不能干这种不着调的事情。"

我也一肚子火。怎么可能有为了80多岁的老人能看清楚而出版的英语专业书呢?而且,现如今父亲学英语既不是为了去旅游,也不是为了写论文,不过是老年人用来打发时间的，没必要说得这么过分吧？我的工作堆积如山，说让我立刻过去实在令人气愤。

然而，我耐着性子，语气更加柔和地说道："我知道了。是我不好。我去找找爸爸也能看清楚的专业书，找到了就给您带过去。"

我压根儿就没有去找的念头。我也不觉得会有那样的书。父亲就这样再也不提了。不过，知女莫若父，他肯定知道我没说实话。

一年半后，在一个春意盎然的日子里，父亲迎来了85岁生日。

那天，父亲说："我的肠胃不吸收营养了，不用再吃了。"于是，他停止进食。

人的大脑非常神奇，一旦停止给它提供水分和葡萄糖，不久它就会分泌出"脑内麻药"。这些脑内物质会让我们从恐惧等极度的紧张和痛苦中解脱。我认为在人生的最后时刻，大脑会非常舒适地死去。只要人顺应大脑的引导，死亡就不是什么恐怖的事情。

我在书本上学到的这一理论竟是由父亲实践给我看的。

停止进食的父亲迷迷糊糊、看似幸福地打着盹儿，第三天傍晚就安静地离开了人世。"突然被提拔为舞台剧的主角了。"这是他苦笑着留给我的最后一句话。父亲把人生当成一出舞台剧了吗？父亲逝去的方式仿佛给我这个研究脑科学的女儿做了一个示范。

父亲的遗物中有一本关于日本宪法英语草案的书。

哎呀，原来是这样……父亲是因为这个才执着地学习英语的啊！这戳中了我的内心。

父亲17岁时经历了战争。作为理科生的他，战后考入东京教育大学的政治学专业。父亲终生都在研究日本宪法。所以,在晚年有了大量空闲时间后,父亲一定是下定决心要学好英语,读懂GHQ草案[①]。在阅读过程中,为了体会句子细微的语感,他才想要英语专业书籍。

而我竟然认为学英语是年老的父亲在消磨时间,对此随随便便就敷衍过去了。现在,每当回忆起当时自己不诚实的行为,我都泪流不止。

很多男人少言寡语,有时甚至把事实真相带到另一个世界里去。虽然悲伤,但是我觉得,父亲在"脑内麻药"的作用下离开人世时已经原谅了我。目睹了父亲脑死亡的过程,我意识到必须信赖自己的大脑来跨过人生的又一座高山。

爸爸,谢谢你让我做你的女儿。

---

①GHQ草案:是1946年由以美国为首的驻日盟军总司令部(GHQ)制定的日本宪法草案,也称麦克阿瑟草案。

第二章

父亲与女儿沟通的技巧

沟通是有法则的

前些日子,在讲座之后的答疑环节中,有一位男士提出了一个问题:

"女人为什么不直接回答问题呢?"

他说:"前几天,我回到家,看见妻子穿了一条我没怎么见过的裙子。我以为是新的,于是就问她裙子是什么时候买的。妻子气冲冲地说裙子很便宜。我们家经常这样,问问题永远得不到答案,话说不到一块去。这是怎么回事呢?"

"哎呀呀——"我差点儿喊出了声。沟通中有一条非常重要的法则,这位先生难道不知道吗?我顿时有点儿可怜他。

环顾四周，我发现会场中的很多男士都在频频点头。难道这世间的大多数男子都犯过这种错误？

这条沟通法则是，不能突然对妻子或者女儿提出"5W1H"[①]式的问题。

难道很多男子不知道吗？

"5W1H"式提问会让被问者的大脑进入战斗模式

我把"5W1H"式提问称为"对话粉碎机"。听到这种提问，听者的大脑会屏蔽用于心灵对话的回路，强势启动问题解决型对话的回路，可以说是进入了战斗模式。

"那是什么？""今天干什么了？""学校怎么样？""作业做了吗？""为什么不做这个？""要去哪儿？""几点回来？"……作为丈夫或父亲的

[①] 5W1H：即When（什么时候）、Where（什么地方）、What（什么）、Who（谁）、Why（为什么）、How（怎么样）的缩写。

你有没有被我说中呢？

你与家人之间的对话不会只有"5W1H"式的提问、命令和说教吧？

突如其来的"5W1H"式提问会让大脑启动战斗模式，你的妻子和女儿会进入迎击状态。也就是说，你原本打算询问"这条裙子很新嘛，什么时候买的"，对方却理解成"什么时候背着我买了这种没用的东

西"。于是,她们因为感到被攻击而心情不悦。为了保护自己,她们会进行反击。

同样,如果一位妻子反过来问丈夫"这是什么时候买的",话里的意思几乎百分之百是"这是什么时候背着我买的"。女性为了攻击对方,会故意突然使用"5W1H"式提问。"那个为什么放在那里"意思就是"那个东西很碍事"。如果妻子窥视着你手机里的应用程序,问那是什么,那就是在说"该干的事情没干,你在搞什么"。

如果你对专心玩手机或者戴着自己没见过的饰品的女儿问"那是什么",她会理解成"你不学习,在搞什么""那个奇怪的东西是什么"。

男性应该也会理解这种心情。比如,同乘一部电梯时,总经理指着你的衬衫问"那是什么",你应该也会紧张,心想是不是有什么事情搞砸了。

当拥有决定权的人提出"5W1H"式问题时,人们会很紧张,认为自己被攻击,从而想去维护自己的尊严。反过来说,如果你提出"5W1H"式问题,对方没给你好脸色看,说明她认为你是掌握权力的人。

因此,询问"那是什么"的父亲,会让在经济上依靠你的女儿很烦。如果你正是想让女儿不爽,想震慑女儿,那么你成功了。你若是为了增进亲子感情而这样做,那就大错特错了。

那么,接下来,就请父亲好好学习一下你所不知道的沟通法则吧。

讨人嫌的父亲和惹人爱的父亲哪里不同

据说,我的朋友被他上高中一年级的女儿的同学们选为"最讨人嫌的父亲"。她们评选的标准是"是否事事过问"。不慎荣登榜首的朋友却感到很困惑:"我没跟女儿搭话到讨人嫌的程度呀。"

直觉告诉我,这是"质"的问题,而不是"量"的问题,因此我问他平常跟女儿都谈些什么。

他回答:"比如'在学校怎么样',或者在她打扮得很漂亮时,问她'那个包是什么时候买的''你去哪儿''和谁去'……只问了一些稀松平常的事情嘛。"

你看吧,果然是突如其来的"5W1H"式提问。

对话有两种模式

对话分为两种:心灵对话和解决问题的对话。

心灵对话从觉察到的事情(那个不错哟、好可爱)和捕捉到的情绪(伤心、辛苦、气愤、高兴等)出发,用共情编织,以获得新的觉察和安心感结束。

解决问题的对话从设置终点(如什么时候、什么地方、谁、什么、为什么等)开始,相互指出问题所在,以解决问题告终。

以 When(什么时候)、Where(什么地方)、Who(谁)、What(什么)、Why(为什么)、

How(怎样)开始的"5W1H"式提问会引发解决问题的对话。

男性的大脑是在狩猎中进化的,因此具有很强的目标感,即朝着目标一往无前,不被感情或眼前的琐事困扰。不这样做的话,他们就不可能险中求胜。因此,比起女性,男性更容易开启结果导向型的解决问题的对话。再加上结果导向是商务谈判的基础。因此,年富力强的父亲即使在家里,也不能停止使用这种类型的对话方式。

其实,很多时候,母亲对孩子也会采用这种对话方式。明明对丈夫解决问题式的对话深恶痛绝,她却对孩子做出了同样的事情,因为绝大多数父母育儿的过程中充满了大大小小的目标。让孩子快点儿吃饭、写作业、洗澡、第二天顺利上学……这些是短期目标。让孩子考试合格是中期目标。将孩子培养成出色的人是长期目标。这么多目标摆在母亲面前,日子就在"作业做了吗""学校怎么样""为什么不把卷子交上去"这样的对话中过去了,不知不觉子女就长大、离开家了。

这其实是个很大的问题。这会导致父母无法与成年的孩子们轻松快乐地交谈。而且,在这种环境中长大的男孩很难讨女孩喜欢。

如果你被这样的母亲养大,并且是一名成功的商业人士,那么你能使用的对话模式便只有一种。事到如今责怪你的母亲也无济于事,所以要自己学会使用另一种对话模式,即心灵对话。而且,这才是与妻子、女儿顺利沟通的方法。

只有心灵对话,才能编织出家庭的羁绊

绝对不要用提问的方式开始心灵对话。

在朋友聚会上,见到闺蜜时,我不会突然问她"公司怎么样?拿到资格证书了吗"等问题。也不会追问她"这条裙子什么时候买的"。

一般我会说:"这条裙子好漂亮!"于是,对方会愉快地回答:"真的吗?好开心。这是上个星期天在某某店看到的。正值促销,一下子就打七折,我毫不犹豫就买了。"而且还可以把话题继续下去,如"你去某某店了""促销活动进行到什么时候"。

也就是说,对于为了交心才见面的朋友,不能突然进行"5W1H"式提问。而男人们偏偏选择反其道而行。

几万年前,男人们在荒野上狩猎。当遭遇危险时,他们要立刻拯救自己和同伴。如果自己不能活下来或者捕获不到猎物,就无法养活家人、繁衍后代。就这样,男人们养成了有问题马上问、发现对方有缺点和"该干的事情没干"就当面指出的习惯。但是,在家庭中,妻子和女儿需要的是能够产生共鸣的心灵对话。

不过,对于"蛋黄酱在哪儿""电脑和手机应该买哪个""爷爷的法事怎么办"之类的需要立刻解决的问题,可以大胆地使用"5W1H"式提问。

话题的引子

由于新冠疫情,很多家庭中家人共度的时间大幅增加,但是在一起时他们无话可谈,这着实可悲。

所以,如果完全摒弃"5W1H"式提问,父亲是不是不知道该跟女儿聊些什么了呢?

我们先谈一谈关于心灵对话开始的方法。

心灵对话不是从询问对方事情,而是从自己的故事讲起。我把它叫作"话题的引子"。

当井水压不上来时,人们会注入一些水,引水上来。心灵对话与此同理,稍微谈谈自己感受到的东西、发生在自己身上的事情,这样一来,对方也会打开话匣子。沟通就是享受这种乐趣。

就连上幼儿园的儿子,我也会把发生在自己身上的事情当作话题的引子,自然而然地跟他展开对话。比如,"今天在公司他们这样说我,虽然他们说得在理,但是我觉得很不爽"。有时他会跑偏,反问"什么叫在理",不过,一般情况下他都会用小小的脑袋绞尽脑汁地思考,说些"我们幼儿园里也发生了这样的事情"之类的话。

儿子15岁生日那天,我内疚地说:"我如果能在你身边多陪陪你就好了。很抱歉,妈妈要工作。"儿子温柔地微笑着说:"如果有来世,我还要一个职场老妈(他管我叫老妈)。你努力工作的样子很可爱,更重要的是,你会给我带来外面的世界。"

我努力忍住没有追问"今天干什么了""作业做了吗""明天的东西准备好了吗""试卷交上去了吗",而是聊一些"今天吧,在赤坂的某某地方……"或者"老妈明明这么努力,老板却……"之类的话题,真是太好了。

心灵对话将我的日常生活的内容充分地传达给他,他也为了能够回答我而跟我聊了许多,有时我们也互相激励。直到如今他29岁了,这种做法仍在继续。

如果大家使用话题的引子来开启一段对话,家人之间的关系一定会融洽的。

察觉对方的变化,以此展开对话

话题的引子有三种,分别是"察觉对方的变化并表达出来""说出发生在自己身上的事情""跟对方商量事情"。

其中"察觉对方的变化并表达出来"最能打动女人的心。

比如本章开头提到的男士,他可以借助"妻子的新裙子"这个话题来打动妻子的心。"这是新裙子吧。不错哟(很适合你/很时尚/真漂亮啊/挺可爱的)!"——丈夫要是这样说就好了。

察觉对方的变化,以此展开话题,这需要以下

四个技巧:

1. 表扬

如果察觉对方有积极的变化,就表扬她。比如"你换发型了!""你看上去很开心呀!""这个手机壳很可爱嘛!"……

2. 关心

如果察觉对方有消极的变化,就关心她。比如"你好像没精神呀,不要紧吧?""我来做这个吧!"此时,千万不要指出具体的细节。比如"你有黑眼圈了!""头发很干枯嘛!"……

3. 安慰

注意到对方的状况也很关键。比如对冒着严寒走回来的人说"很冷吧",跟购物回来的妻子说"很重吧"等安慰的话语。

4. 感谢

察觉对方为自己做的事情并表达出来。比如"啊,这是我最喜欢的茄子咖喱!""你给我换床单了。"

"谢谢你帮我收快递！"……

然而处于青春期的女儿不希望被别人察觉自己的变化，她们从生理上觉得父亲讨厌（其理由在后面有详述），因此父亲务必要注意这一点。

借"察觉对方的变化"来展开谈话对11岁之前的女儿十分有效，对于过了11岁的女儿，则推荐另外两个谈话技巧。

把自己的故事当作话题的引子

第二种话题的引子是讲自己的事情。

将发生在自己身上的无关紧要的琐事作为话题的引子，对方往往也会说出自己的故事，从而达成心灵对话。

无论多么无关紧要的事都可以作为话题的引子。例如，"那边堤坝上的樱花树已经长出花骨朵了。""今天下的是一场久违的大雨啊！""今天读的历史小说里出现的食物好像很美味呀！""中午吃的麻婆豆腐又麻又辣，现在我的舌头还感觉麻麻的。""这首广告歌曲，我年轻的时候超级流行哟。"……

只要把当时心中所想说出来即可，不需要有任何思想负担。因为抖完包袱，对方感叹一声，谈话就结束了。而毫无来由的话题，更能引出对方的话。

这种话题的引子，很多女士可以张嘴就来。我自己却不擅长，简直不敢相信我拥有女性大脑。与别人会面前，我会提前想好话题的引子。

我会盘算如何用第一句话来缓和与对方之间的紧张气氛。有时我会买点儿小礼物来代替抛出话题的引子。这些礼物是我给自己买东西时顺带买的，只花费了一点点时间和金钱。

身为女人的我尚且如此用心，而男人毫无思想准备就回到有妻子和女儿的家中，也太不上心了，临了还问一句"在学校怎么样"。这种"5W1H"式提问让女儿的大脑开启了战斗模式。

做父亲的在回家之前稍微花点儿心思就好了。

不过,如果没有培养女儿借助话题的引子进行沟通的习惯,那么突然这样做或许会被她无视。如果做父亲的被无视了,就使用第三种方法吧。

询问女儿意见

"这次为妈妈过生日,预约哪家饭店好呢?""开远程会议用哪个应用程序呢?""你觉得在这儿放书架的话,选什么颜色好呢?"……有时候稍微依赖一下对方,也颇有成效。

做饭时父亲也可以问问女儿:"能不能帮我尝尝咖喱的味道?""今天的火锅,放些什么好呢?"

大脑因相互作用而活跃。也就是说,人们都希望"对自己做的事情,对方能够有所反应"。比起帮助过自己的人,人们更容易对自己帮助过的,并且对方也感激自己的人产生感情。

从功能来讲的话,那就是比起被温柔对待,温柔待人时人的大脑更有满足感。亲切地对待他人,比被亲切地对待,更让人感觉幸福、充实。

我曾经跟4岁的儿子商量如何包装商品。小小年纪的他想出的主意倒是很有内涵。上小学后,他提出的产品名称也被我们公司采用过。

如今想来，好像父亲也经常问我意见。身为高中老师的父亲偶尔会一边批改试卷，一边问我："你觉得这个答案怎么样？""我觉得这个人是这样想的，所以他才这样写。"我似乎是这样回答的。多亏了我的回答，有的学生分数提高了。（父亲只有在想帮学生一把的时候，才会让我在旁边佐证他的想法。）

作为父亲，也请提升自己女儿的满足感吧。

即使女儿年纪尚幼，我也建议你像对待女性朋友一样与她交谈，依赖她。例如，你不想叫她做某事时，就说："我觉得做某某事比较好，你觉得呢？"或者，你不直接催促她快点儿做某事，而是说："我想快点儿做好，你要是能帮帮我就好了！"

家里添了新生儿时，不妨更加依赖长女

家里添了新生儿时，父亲要加深与大女儿的关系。

迄今为止，大女儿无论什么都是第一个享用，但家人突然开始围着小宝宝转，这时具有敏锐观察力的大女儿会受到打击。为了引人注意，也许她会做出幼稚的举动，或者尖叫着大吵大闹。

这种时候，如果责备她说"你已经是姐姐了"，那就太苛刻了。

其实，母亲应该像对待女性朋友一样对待她："我想给弟弟（妹妹）换尿不湿，你能帮我拿一片吗？"或者说："我想给弟弟（妹妹）喂奶，在我泡奶粉的时候，你能帮我照看一下他（她）吗？"把她当作一个有能力做事的伙伴来跟她说话，多多依赖她，然而，要照看婴儿的母亲，很少考虑到这些。

此时，就轮到父亲出场了。如果母亲把全部精力都用来照顾婴儿，那么父亲就要将目光移到大女儿的身上。充分注意她的变化，问她"怎么了"。如果她做错事情，被母亲训斥"你在干吗呢？别捣乱"，父亲就要快速带她离开那里。

父亲要偶尔跟大女儿单独待在一起，跟她聊聊天，如"你出生的时候，爸爸和妈妈更加手忙脚乱"，等等。被父母依赖、感谢，大女儿会逐渐成为一个好"姐姐"。不这样进行引导的话，父母突然说"你不是姐姐吗？忍忍吧，别哭了"，她心里也不可能服气。

弟弟妹妹出生时,与父亲关系更亲近的大女儿,一生都会是父亲的帮手。父亲没有理由错失这大好机会。

主动示弱

在这里,我教父亲们一招杀手锏。

如果选用第二种话题的引子,即说出发生在自己身上的事情,那么,说那种"掉链子"的事有时能极大地增进父女间的感情。也就是说,父亲要主动示弱。

例如,出租车司机弄错路,兜兜转转带你绕了一大圈啦,收到了跟自己的要求不符的东西啦,类似这种日常生活中的"悲惨"小事,会成为不错的话题的引子。因此,当发生这种事情时,我反倒很开心。

前些日子,我收到了某位男士的咨询。

他有三个孩子,分别是2岁、7岁和13岁,妻子是家庭主妇,朋友不太多,因此丈夫回到家,想多跟她聊聊。然而,他明明每天都想和妻子聊天,妻子却无动于衷。岂止如此,他的妻子明显感到很厌烦,最后甚至警告他说:"等最小的孩子18岁了,我们就离婚。我唯一期待的就是那一天。"

"我的努力都去哪儿啦?"他抱怨道。

我问他究竟问了妻子些什么,他回答类似于"你今天干什么了"这种话。

"唉——"我叹了一口气。照顾孩子、做家务,奔波忙碌了一天,晚上听到丈夫这样的话,妻子该多么绝望啊!她的心理活动应该是:"要我把从早晨开始为孩子们做的事情都报告一遍,这可要花两三个小时呢!你到底在问我什么?!"

如果被问的人当天的心情很糟,她可能会把这种提问听成是一种责备。因此,这是最容易引起争吵的提问。

例如，没来得及打扫卫生的那一天，妻子被问了这种问题，那听起来就像丈夫在问："你一天都在家干了些什么？"退一万步讲，即使妻子只按照字面意思听成丈夫在询问自己干了什么，站在妻子的角度，她的感觉也类似于"就算跟你讲了，你又能明白什么"。

这种"5W1H"式提问要立刻停止。话说回来，借助话题的引子进行沟通很多时候也会适得其反。养育三个孩子的妻子，因为平时过于忙碌，所以身心俱疲。这种状态下，即使丈夫跟妻子说"今天你真漂亮啊"或者"公司大楼下花坛里的蒲公英开花了"，也只会得到妻子"啊"的回应。

如果丈夫想和妻子聊天，就只有主动示弱这种方法。如"今天下属这样说我，太糟糕了！""我在电车里给老太太让座，还被她瞪了一眼，她说她没那么老。"连接心灵的秘诀在于"主动示弱，让对方来安慰自己"。

我这样建议之后，这位男士皱起眉头说："妻子已经很累了，我不想给她增加负担。"不过，做丈夫的不必担心这一点。

我在前面也写过，大脑因人与人的互动而变得活跃。自己的努力和行动使对方发生好的变化，享受这种满足感才是大脑最大的乐趣。比起一味地依赖对方，"为对方做事，使其发生某种改变"给大脑带来的满足感更高。

女人很少会对无比正确、无比强大、无懈可击的男人产生感情。即使他说"说给我听听"，也只是给人一种居高临下的感觉，令人不悦。

这不仅局限于夫妻之间，亲子之间也是同理。父母应当"正确、强大"，这是一种错误的想法。希望你知道，对自己珍视的人展露内心的脆弱，是沟通中最佳的调味料。

父母无意间说的泄气话，向孩子们展示了人生的滋味。自己的存在支撑着父母，这种信念会让子女的自尊心变强,也会让他们拥有宽广的胸怀。

成为女儿的英雄

话题的引子少得可怜的一个原因是作为父亲的你缺乏兴趣爱好。

如果父亲拥有与工作不同的"不断精进的兴趣爱好",那么他在工作中养成的视角和在追求兴趣爱好中养成的看法会相互交织,然后他的脑海里就会自然浮现各种话题。

虽然在现代生活中,女儿很难看到父亲"工作的背影",但是父亲可以利用自己的兴趣爱好,展现认真、专注的帅气形象。

请父亲务必在女儿的脑海里制造帅气的形象。

为了成为女儿的英雄,做父亲的要不要尝试一下迄今为止想做而没有做的事情呢?即使不是特殊的技能也没关系。无论是演奏吉他、钢琴等乐器,

还是下围棋或象棋，都可以。像登山、露营等女儿小时候就喜欢的活动也可以。骑摩托车也很拉风。或者做一个宅男专门研究某一领域也未尝不可。

做这些既不是为了被谁称赞,也不是为了赚钱,只是单纯地顺从自己的好奇心。希望作为父亲的你能展现这样的一面。

如果父亲有自己的兴趣爱好,女儿就会知道,这个世界上存在多种生活方式,有许多有意义的事可做。

我的儿子上小学时,从家附近的围棋俱乐部里的棋艺高超的老爷爷们那儿得到了围棋的启蒙。下第一局时,我在旁边观看,一位老爷爷为了引导我儿子下第一颗棋子,说了这样一句让我深受触动的话。

"小朋友,这个棋盘现在属于你,棋子都听你指挥,那么第一步棋要下在哪里呢?"

在学校生活以外,孩子竟然能获得这种世界观,真是让人惊喜!

下一章我们会讲到,随着年龄的增长,女孩的自我意识会膨胀得停不下来。她个人世界里的所有部分儿乎都会被自我覆盖。如果处理不当，处于青春期的女孩就会因为过分在意他人的眼光而逐渐失去自我。

作为父亲，你要告诉这样的女儿："看待事物的方式不止一种，而且世界也不是你一个人的。"你要让她知道，她现在看到的并不是世界的全部，还有各种通往不同世界的大门。这就需要让她看到你享受兴趣的样子。

遗憾的是，现在的孩子所报的大多数兴趣班都难以培养其真正的兴趣。他们被指派学习任务、被父母催促，完成任务后还要拿出成绩……这跟在学校学习没什么两样。这种兴趣是无法帮孩子们从自我束缚中解放出来的。

孩子们要做自己想做的事。有时他们也要向专业人士学习，但那并非为了"顺从别人"，而是为了精进"自己的技艺"。只要沉浸在自己的兴趣爱好中，他们就不会轻易言败。拥有兴趣爱好的人，意志更为坚定。

而且,拥有"充满好奇心和坚忍不拔的意志"的人非常帅气。他们展示娴熟技艺的时候也很酷。

英雄并不是要战胜谁,而是要有坚忍不拔的意志。因此,即便你所做的事情在别人眼里是滑稽可笑的,也没有关系。不,或许越是这样的兴趣爱好,越能够将你的女儿从世俗的价值观中解放出来。

跟女儿聊聊关于物理和数学的话题

我还希望理工科出身的父亲,跟女儿聊聊关于物理和数学的话题。比如爱因斯坦的相对论、希格斯粒子[①]等。如果父亲能向女儿描绘一个与日常生活完全不同的世界,有时女儿就能跳出"现在的

---

① 希格斯粒子:一般指希格斯玻色子,是粒子物理学标准模型预言的一种自旋为零的玻色子,不带电荷,极不稳定,生成后会立刻衰变。1964年,英国科学家彼得·希格斯提出了希格斯场的存在,并预言了希格斯玻色子的存在。

世界"。

16岁的某一天,我偶遇了一本人人都能看懂的《相对论入门》。我记得是喜欢阅读的数学老师推荐给全班同学的。

当我知道就连被认为是百分之百绝对的时间也是相对的时候,我的观念受到了巨大的冲击。那个瞬间,我对事物的看法一下子变得开阔了。

我是这么看的,那么对方是怎么看的呢?我自认为的价值观是不是"世间的普遍观点"呢?而且,这个"普遍观点"真的正确吗?

我无时无刻不这么想。即使是对某人的言论颇有微词,我也试着站在对方的角度来思考。当我感觉到"这个有点儿不对劲"的瞬间,我会试着停下来思考我的观点是否正确。像这样客观地看待世界真是妙不可言,比如自己认为"很过分"的人有时看起来很可怜,有时看起来又很酷。

改变我看待事物方式的是《相对论入门》的最

初几页。这几页甚至改变了我此后的人生——我从文科转为理科,向物理学进军,开始研究人工智能。

男性的大脑更容易获得"客观性"。有不少男孩从记事的时候开始,做事情、看待事物就具有客观性。这导致他不擅长用语言来表达主观看法。

但女孩在记事之前,就擅长用语言来表达主观看法,所以处于青春期的女孩的自我意识会愈发膨胀。当然,这有利于吸引异性。因此,如果女孩按照"人生只是为了结婚生孩子"这种传统的观点来生活,那也无可厚非。

然而,21世纪的今天,女性也走入了社会,正在发光发热。她们必须面对自由经济社会中的各种价值观,做到不迷失自我,生存下去。保护她们的就是"客观性"这套铠甲。

要想让处于青春期的女孩削减自我意识,通过学习物理获得客观看待世界的方法是十分有效的。

如果父亲不擅长物理,至少你可以仰望星空,为她讲述那颗星星的光辉是几万年前发出来的。还有留意诺贝尔物理学奖获得者的研究成果，找一些写得浅显易懂的报道读给女儿听。

告诉女儿学习的目的

当然，不学习物理也没关系。我有一个朋友，就从他父亲教的股票的知识中发现了客观性。世界经济、世界政治、国际语言交流、音乐、美术都可以。这么一想，我才深深地体会到，所谓学问，就是为了获得客观性而去研究的知识啊！

在儿子的小学入学典礼那天，我告诉他："今后你要学习很多科目，比如数学、语文、科学、社会，等等。所有科目的学习目的只有一个，那就是学习如何看待这个世界。长大后有的人选择数学，有的人选择音乐。可是当你还小的时候，你不知道哪种方法最适合你，所以老师会全部教给你，让你获得一些看待事物的方法。"这才是学习的目的。

学习不是为了要赢谁,也不是为了要被谁认可或获得表扬,更不是为了顺利地提升偏差值①。学习是为了获得看待事物的方式,学习让人对"难以理解的事情""不擅长的事情"产生好奇心。如果对这些事感兴趣,孩子尽管停下来好好研究。所以,请告诉孩子不必怀有类似"在日常生活中明明用不到,为什么必须学习函数"这种无意义的疑问。

不要让女儿过早地"应试学习"

如果将学习变成竞争或证明自身存在价值的工具,男孩就会受好胜心和义务的驱使而失去学习的热情,女孩则会失去获得客观性的机会。

应试教育的问题就在这里。

---

①偏差值:指相对平均值的偏差数值,是日本对于学生智能、学力的一项计算公式值。偏差值越高成绩越好,反之则越差。

进入好学校,就可以获得良好的学习环境、更多的机会,甚至赢得某些美名。这看似有百利而无一害,但如果在人生的过早时期,将"日常学习"变为"应试学习",孩子就不能将学习与"拓展看待事物的方式"联系起来。

当然,也有很多孩子一边享受着"日常学习",一边丰富看待事物的方式,顺便还通过了考试。不过,想必更多的孩子"只将学习视为竞争工具"。

越是优秀、美丽、一丝不苟的妈妈和女儿,越容易陷入后一种困局。因此,希望做父亲的注意一下。因为女孩如果没有从学习和兴趣中获得客观性,她将会通过"痛苦的经历"来获得它。

如果一个女孩不能接受同事或意中人与自己拥有不同的价值观,那么她就会在工作和恋爱中面临巨大的挫折。因为她不知道"打动对方的窍门",所以也不会受到同事或者异性的青睐。更甚者,她本人会被"好孩子""好人"的标签束缚,过于期冀他人的评价,逐渐失去自我。

如果你的妻子跟你说"想让女儿参加名校入学考试"时,你的心中突然掠过一丝不安;如果你有"让女儿远离争第一的学习环境"的意愿,那么请你与妻子一起阅读上述内容。

偶尔也有通过战斗获得学习动力的女孩,因此考试不是对每个女孩来说都是负面的。但对于"像摘野花一样享受学习的女孩",父母最好不要逼着她去考试,这样她的人生才能丰富多彩。

父母在孩子的教育问题上常常难以达成共识。父亲说:"让她去公立学校自由成长不是挺好的吗?"母亲反驳道:"只要女儿进入直升学校,以后就可以自由成长了。"母亲认为把女儿送进名校,后面就轻松了,她仍旧在把"学习当成竞争工具"。

因此,若想让热衷于考进名校的母亲理解父亲的心情,请尝试一下这么说吧:"对于过早地让女儿把学习视为竞争工具这件事,我深感痛心。女儿

> 不能过早地让孩子把学习视为竞争工具。

可以无忧无虑地享受学习的乐趣,不是很棒吗?将快乐的学习变成应试学习,我们的女儿太可怜了吧。"

很多妻子认为,丈夫不赞成女儿考名校,或者不如自己关心女儿的教育,是"对育儿不关心",甚至是"对家庭不负责任"。

其实他们不是不关心,而正是因为想到女儿今后的幸福，所以才担心——父亲必须传达出这种心情。

把女儿从社会标准的束缚中解放出来

"就算没有战胜什么，就算不比别人优秀，你只要做好自己就行了。只要你一笑，爸爸就能获得生存的力量。这是非常有价值的事情，你一定会遇见比爸爸还要懂得这个价值的人。人生就是这样的。"

无论是说还是不说，父亲仿佛就是为了传达这一信息而存在的。但还是说出来为妙。因为，父亲用"背影展示"这一招对女儿行不通。

为名校考试所累，或者做事失败、伤心难过之时，父亲要把这些话告诉女儿。如果没有这种机会，那么在女儿高中毕业当天，或者过18岁生日[①]那天，又或者离家之日，语重心长地说给她听怎么样呢？

---

① 18岁生日：日本的法定成年年龄是18岁。

假如不好意思直接说（或者没有信心记住这么长的台词），也可以发短信。

史蒂夫·乔布斯曾说："不能落入教条主义的陷阱。"教条主义指主观主义的一种，不分析事物的变化、发展，不研究事物矛盾的特殊性，只是生搬硬套现成的原则、概念来处理问题。

如果一个人太执着于他人的看法和理想的形象，那他就会迷失自我，搞不懂什么才是自己的专长，而只是去模仿其他更加受赏识的人。这么一来，无论孩子怎么努力，都无法拥有一流的本领。

其实，做最好的自己就行了，说不定哪天孩子就能得到世人的认可，成为时代的宠儿。即便没能如此，其一生也可以过得很充实。

一旦孩子成为最好的自己，父母只要由衷地为其感到高兴即可。偏差值、婚姻、工作、育儿……在这些人生大事上，做父母的绝对不能过分在意社会上的评价。

如果女儿如父母所愿考进名校，后来成了一名看起来比实际年龄年轻10岁、意气风发的职业女性，却被母亲念叨"某某家的千金已经生三胎了"，她也会觉得厌烦。遗憾的是，用社会标准评价女儿的父母，深信这样做是为了女儿的幸福，而且他们会坚定不移地执行，一辈子对此乐此不疲。

所以，不要用社会标准来评价女儿，至少父母双方中有一方不要这样做。

> 隔壁小芳都生三胎了，你怎么连个男朋友都没有？

与处于青春期的女儿的相处之道

前面写的是关于父亲如何与女儿进行心灵对话的技巧。但对于和父亲的关系一下子降到冰点、处于青春期的女儿,我们也应该了解一下。

曾经满面笑容地说要和爸爸结婚而抱住爸爸的小公主,某一天突然用冰冷的眼神看着父亲,且不耐烦地叹气。此时,老父亲所受的打击令人无法想象。

女儿小时候与父亲关系亲密,而到了青春期会突然觉得父亲身上有异味、招人烦。世间的女儿们多多少少都会有一段时间如此。

她们既讨厌父亲跟自己搭话,也讨厌父亲注视自己;既对在父亲后面进卫生间洗澡有抵触,也讨厌父亲的短裤与自己的内衣一起洗。光是听见父亲咳嗽都觉得烦躁……这个时期,女儿的身上究竟发生什么了呢?

青春期阶段,为了让生殖器官发育成熟,女孩的性激素分泌得要比她处于生育期时更多。因此,是过量的性激素影响了女儿的言行。

性激素在人类的意识中发挥着强有力的作用。男性会分泌较多的睾酮,这种激素对男性青春期的性发育有很大帮助。在它的影响下,青春期的男孩的好奇心、领地意识等会增强。女性也会分泌少量睾酮。虽然这是为了维持体内代谢平衡,但是处于青春期的女孩也容易表现出强烈的领地意识和攻击性。

如果自己的房间被人擅自打扫,或是自己的朋友被人说三道四,处于青春期的男孩、女孩就会火冒三丈。这就是人们常说的"青春期的孩子比较叛逆"。

简单来说,就是他们满脑子都是"不想被人管""不想被人支配"的想法,而且一些琐事就能引发这种情绪。因此,父亲只是稍微瞄了女儿一眼,女儿也会生气。其实,父亲的教育没有失败,这是孩子因"生殖能力成熟"而表现出来的现象。

当然,这种现象不会一直持续下去。最迟过了18岁,女儿又会变回"小棉袄"。

千万要注意的是,教育处于青春期的女儿的时候，不能在她心中留下隔阂。如果女儿心中留下了隔阂，即使性激素分泌稳定后，她与父亲的关系也很难回到从前。

父亲要全盘接受"处于青春期的孩子就是这样"的观念。若是被女儿不耐烦地怒目而视，父亲只要在心中暗想"来了，来了"，没有必要伤心。

女儿觉得父亲身上有异味是正常的

这个时期，女儿会觉得父亲身上有异味。虽然不是父亲自身的问题，但父亲身上的确有味道。

这也是女儿生殖系统成熟的相关特征之一。

嗅觉也是"遗传基因感知器"。

动物从异性的体味中感知"与免疫相关的遗传基因信息"，从而判断对方是否适合繁衍后代。在性激素大量分泌的青春期，这个感知器的灵敏度突然变得非常高，结果导致女儿觉得父亲身上有异味。

据说，动物是通过一种叫信息素的物质来对交配对象进行选择的。信息素与性激素一起分泌有气味的物质。其气味的种类与控制免疫系统的HLA（人类白细胞抗原）遗传基因的种类相对应。也就是说，动物通过气味向同类展示自身的免疫状态。

而且，人被具有与自己不同的HLA遗传基因的异性发出的气味吸引，这是普遍现象。HLA遗传基因类型不同的男女结合在一起，其后代的免疫抗体的种类会增加，留下两个人的遗传基因的可能性也会提高。例如，耐寒的个体与耐热的个体结合，子孙中两种类型都会出现。无论地球是变暖还是变冷，总有人能够活下去。

为了保存人种，HLA遗传基因的类型差异越大的男女，越会被对方的体味强烈吸引，反之则不被吸引。

而且，女性嗅出HLA遗传基因区别的能力是从父亲那里继承的。父亲与女儿的遗传基因相近，对女儿来说,父亲是这个世界上"最奇怪的男子",其身体的气味,比这世上的任何一名男子都"不可思议"。

因此,处于青春期的女儿说"爸爸身上有异味"是再正常不过的事情。这证明了此处确实存在一个继承了自己基因的人。

虽说如此,如果处于青春期的女儿一直不喜欢父亲,父亲也没必要担心她不是自己亲生的。我也有一段时间觉得父亲身上有异味讨人嫌,但总的来说他是一位不约束我的可爱的父亲。所以,我也没有反抗过他。虽然我有时说话尖酸刻薄,有时心情烦躁,但豁达大度的父亲完全没察觉这一点。

如果有人问父亲,你女儿有过叛逆期吗?他一定会回答没有。父亲的宽容会让女儿顺利度过青春期,请不要过于担心。

请露出受伤的表情吧

无论是对父亲还是对女儿来说,这段痛苦的时光终会结束。因此,我希望各位父亲泰然处之。然而,有的父亲会真的受伤,越不过这个坎儿。

女儿讨厌父亲身上有异味,像嫌弃脏东西一样嫌弃父亲,这种行为持续下去的结果是父亲也开始对女儿失望，最后甚至说出"我不给你上大学的学费""想上大学，自己去赚钱"这样的话。

有一段时间，我也认为父亲身上有异味。但是，我没有刻意跟父亲说，因为我觉得，要是说了，我那个要做"万年青年"的父亲一定会受打击的。

女儿如果当着父亲的面说父亲身上有异味，一定是在撒娇。她觉得父亲无比强大，她可以像小时候一样，想到什么就说什么。

然而，年幼的女儿被父亲抱在怀里说"爸爸真臭"，与处于青春期的女儿说"爸爸身上有异味"，两者截然不同。因为后者体现了明显的"人际关系"，女儿的话会使父亲伤心。女儿多次这样说，有时会毁掉父女间的感情。

因此，父亲必须在情况变成这样之前主动示弱。

之前在讲述关于心灵对话的沟通技巧中，作为杀手锏，我提出了"主动示弱"的办法。我的父亲就这样做过。他将发生在自己身上的"傻事"讲得生动有趣。这些事情让我觉得父亲很可爱，打消了我想要表现出父亲"身上有异味""招人烦"的念头。

对女儿从不示弱，正直而坚强，这样的父亲确实很了不起，但遗憾的是，他们很难维系好这根亲情纽带。

不过，如果父亲在女儿进入青春期后开始示弱，反而会弄巧成拙（加倍讨人嫌），所以还是等女儿成年后再使用这种方法吧。

对于女儿说出的粗暴语言，父亲无论是斥责还是发火，效果都会适得其反。因此，父亲最好表现出"伤心得说不出话来"的样子。对于父亲来说，要度过这段时期，除此之外别无他法。

轮到母亲出场了

然而，如果女儿对父亲出言不逊且满不在乎，她将来就很有可能在外面也这样做——不顾及别人的感受，讲话只凭自己的情绪。一旦进入社会，这种小女孩般任性的交流方式会让她与周围的人产生矛盾。

父母必须以此为契机，教育她无论是对长辈，还是对看似强大的人，都要学会体谅。尽管如此，父亲在这件事上教育女儿的余地也有限。

总而言之，这时该轮到母亲出场了。如果女儿当面说"爸爸身上有异味"，母亲就应该对她进行严词警告："你想把自己的衣物和爸爸的分开洗，那就自己去洗。洗澡也是，你动作快点儿，先去洗就好了。但是，妈妈不允许你这样说爸爸。"

语言是用来与人交流、沟通的，而不是为了发泄自己的情绪。即使是对家人，也不能想到什么就说什么。即将长大成人的女孩必须知道这一点。

女儿对父亲言辞无礼，母亲一定要表现出伤心，告诉她："我理解你长大了，觉得父亲身上有异味。但是，你对那么疼爱你的父亲采取那种态度，真令人伤心啊。"

妈妈不允许你这样说爸爸。

处理好家人间的关系

无论是父亲、母亲还是女儿，都必须思考"自己心中理想的家庭关系"是怎样的。

我们可以随心所欲地对家人说话吗？女儿可以对父亲说"你身上有异味"吗？女儿可以管因更年

期而肥胖的母亲叫"胖子"吗?父母可以责骂无论怎么努力,成绩都不理想的女儿是"傻瓜"吗?或者,父母过分担心在社会上打拼、不结婚生子的女儿对吗?

如果这么做的话,父母的家就会成为孩子最不想回的家了。

我自己也想把家变成"孩子最想回的家"。对在脑海里浮现的东西,我会加倍注意应该怎么说出口。想说的话,我不会忍着不说,但是会注意说话的方式,确保将意思准确地传达给对方。

就连上幼儿园的儿子问我:"妈妈,真的不能撒谎吗?"我也会告诉他:"男人会说一些善意的谎言,但是万万不可说一些卑鄙的谎言。"

顺便说一句,我的老公属于就算直接对他说,他也听不懂的那种人,因此我对他稍微严厉了一点儿。总之,家庭成员有不同的特点,即便是对家人,也不能口无遮拦,想说什么就说什么。

为了将来让女儿愿意回这个家,也为了在更远的将来,女儿能够组建和谐的家庭,请父亲尽量处理好家人间的关系。不过,如果夫妻关系不融洽,那就谈不上什么处理好家人间的关系了。想培养好女儿,丈夫与妻子平和地交流是最重要的。

和女儿谈论社会热点话题

关于如何跟处于青春期的女儿对话,我来提醒各位父亲几点注意事项吧。

在女孩13岁左右,她大脑的运转方式会从儿童脑型转变为成人脑型。然而,记忆数据库的运作机制要晚一至两年才能转变为成人脑型。所以14岁左右的女孩,会因大脑运转方式与记忆数据库的运作机制不协调而产生混乱,从而不明白自己的心情。

因为不明白,所以她被问话时会烦躁不安。"你怎么认为""你想怎么办"这样的提问,对于此时的她来说,或许很苛刻。

如果想了解女儿的想法,父亲不要直接问,而是把谈话转移到"第三个话题"上。比如将"小池市长的新冠疫情对策""9月份新的入学政策""美国总统最近的讲话"之类的社会热点当作话题。

起初,她或许会因为懒得思考而忽视你的提问。不过,只要你说爸爸是这么想的,然后讲给她听就

好了。最终她会回应"是那样吗""也许我懂",或许还会谈谈她自己的看法。从中你可以逐渐了解女儿的世界观,或许还会感慨她比你想象的要有主见。

父母和孩子谈论社会热点话题,会让孩子觉得自己被当作大人对待,这让他们心情舒畅,甚至还可能发生明明无视了父亲的提问,却在班级里跟同学聊起这些话题的情况。

谈论社会热点话题还有助于孩子大脑的发育。

青春期正值大脑前额叶的活跃发展期。大脑前额叶的主要功能是负责思维、计算,同时和人的情感以及性格直接相关。

在这个时期,父亲和女儿客观地谈论社会热点话题,可以提升女儿的认知能力。如果父亲拿家人或朋友来举例,谈论"各人有各人的立场和看法",说教的味道会很浓,令人感到厌烦。但是,如果用国与国的关联性来作为话题,就可以纯粹地享受辩论的乐趣了。

而且,谈论社会热点话题对提高孩子的理科成绩也有帮助。

初中二年级时,理科科目的难度会大幅提高。令人感到意外的是,孩子理科成绩糟糕不是因为其计算能力不足,而是因为语文不好。因为理解语境的能力差,孩子会搞不懂函数和方程式里蕴藏的"故事"。

据说,当学生遇到"初中二年级的理科壁垒"时,某著名私立学校的老师推荐"亲子一起读报,讨论社会热点话题"的方法。与增加理科的刷题时间相比,这样做更能长期有效地提高成绩。

谈论社会热点话题竟然是一举三得的事情,请各位父亲一定要试一试。

拼了命也要阻止女儿在青春期减肥

女孩在初潮之前,身高会迅速增长,而月经开始后增长速度就会变得很慢。

为了长个子和迎接月经的到来，女孩的骨骼、肌肉等迅速生长，因此合成它们所需的材料——动物蛋白、铁元素、维生素群等怎么也不够用。就像做章鱼小丸子需要面粉和章鱼一样，长身体也需要这些材料。这明明是理所当然的事情，年轻的女孩有时却忘了这一点。

很多女孩觉得如果跟模特吃一样的食物，就会拥有像她们那样苗条的身材，于是把蔬菜、水果和酸奶之类的东西当饭吃。她们不知道通过节食保持身材是模特在身高长到170厘米、肌肉和脂肪长得恰到好处之后才做的事情。

处于青春期的女孩无论如何都要好好吃饭。

女孩在月经开始之后，身高增速会变得很慢。而且，月经开始之后的两三年，女性生殖功能便趋于成熟。此时，如果合成雌激素的材料（胆固醇）较少的话，就无法很好地完成生殖系统的发育。过敏、不孕不育、抑郁等让女性烦恼的疾病大都源于

青春时期时的营养不良。

也就是说,为女孩的身体打下基础的是15岁之前摄入的全面丰富的营养。

因此,女孩在小学高年级到初中期间,没必要减肥。希望父亲能让女儿认识到:想瘦的话,长大以后再减肥就好了。现在不好好吃饭,一辈子都长不高。

这个时期，女孩更不能耍性子说："我不想吃肉，吃面包就行了。我想吃甜甜的丹麦吐司！"

某位营养顾问告诉我，很多明星之所以身材修长（热门电视剧的男演员的身高大都在185厘米以上，女演员的身高也接近170厘米）、皮肤光亮，是因为他们在青春期及青春期之前摄取的肉类和鸡蛋比普通年轻人高出很多。

至于吃什么东西好，这不是我的专长，在此不做详述。总之，减肥以及"把点心和面包当饭吃"是绝对不可以的。

即使一日三餐由母亲负责，父亲至少也应该知道这些。

不是性格不好，而是营养不良

你知道吗？精力、好奇心、专注力、想象力以及记忆力等,不是靠加油或意念就能获得的。这些能力要靠由脑内激素控制的神经信号来发挥作用。

脑内激素有保持精力充沛的血清素、提升专注力的去甲肾上腺素等。

只有当这些激素正常分泌,正常发出神经信号,且神经信号不会减弱时,女孩才能成为好奇心旺盛、热情洋溢、体贴的人。如果这些激素枯竭,女孩就会变成没有干劲、懒洋洋、易怒的人。变成后者的原因绝对不是因为她性格不好,而是摄入的营养不够。

控制神经信号的脑内激素,其合成材料包括多种氨基酸、B族维生素,还有保持神经信号不衰减的胆固醇等。

前面也提到过,为了长个子,15岁之前的女孩应大量摄入全面的营养物质。

因此,不注意饮食,处于青春期的女孩的性格容易变坏。同时含有多种氨基酸、B族维生素和胆固醇等营养成分的，就是被称为"完美补脑食材"的鸡蛋。所以早餐时女孩一定要吃鸡蛋。日常饮食中，肉和鱼也必不可少。

不要用甜食充当早餐

此外，还要注意控制血糖。大脑的所有活动都通过神经信号进行。大脑神经信号的能量来源是葡萄糖。没有糖，大脑就会停止运转。空腹全血血糖值的正常范围是 3.9 毫摩尔/升至 6.1 毫摩尔/升。如果血糖太低，大脑将停止运转，意识也会陷入模糊状态。

血糖值低于 3.8 毫摩尔/升，身体会乏力，对什么事情都提不起兴趣。血糖值低于 2.8 毫摩尔/升，大脑会判断身体有危险，不断分泌提升血糖的激素。而提升血糖的激素是以去甲肾上腺素为主的激素，这种激素具有"让心情激动"的效果，会让孩子容易发怒。所以，血糖低的孩子"看上去对周围的事物不感兴趣，没有精神，却又会突然发火"。

那么，你知道这个棘手的低血糖，有时是因为空腹时吃甜食造成的吗？

空腹时突然吃含糖类食品,血糖值会直线上升。为了降低飙升的血糖，胰岛素会分泌过剩，一下子降低血糖。这样就会低血糖。

吃早餐是人体在最饥饿的状态下摄取食物，因此对待早餐应该要比任何一餐都用心。

理想的早餐让孩子均衡地摄取营养成分。如蔬菜沙拉（摄取维生素）、牛奶、鸡蛋、火腿（摄取蛋白质），以及粥、馒头、面条（摄取碳水化合物）等。

一位男性朋友告诉我，因为新冠疫情严重，他在家的这段时间开始为家人做早餐。在此之前，他每天晚上都回来得很迟，女儿上学后他才睡醒。自从一起吃早餐后，他与即将进入青春期的女儿也能聊起来了。

为了保护处于青春期的女儿的大脑和身体，父亲是不是也可以做几年早餐呢？

至少，父亲在节假日做做早餐如何？

女儿长大后要拥有赚钱养家的能力

对于总算平安度过女儿青春期的父亲来说，下一件要担忧的事情就是她找男朋友吧。

仔细想来，在如今的社会，几乎没有女儿不能嫁的对象。在过去女性不能赚钱的时代，丈夫能否赚钱关系到女儿的命运。但是，现今是女性也能工作赚钱的时代。

曾有一个女孩找我咨询，说自己只喜欢吊儿郎当的男人该怎么办。我告诉她，如果她找的是没有时间观念、工作干不长久的男人，就要做好自己养家的心理准备。

女人要拥有赚钱养家的能力，因为这是一个女人可以自己买房子、自己开车、自己保护孩子的时代。

不过，我又补充了一句："沉溺于赌博（超出娱乐范围的那种）、酗酒、吸毒以及家庭暴力的男人，无论多么喜欢，都不能要。"

不结婚也是人生选项

前些天，我接到某杂志帮一位读者进行的咨询。该杂志面向六七十岁的人群，该读者是一位70多岁的男士，他咨询的内容是：他的女儿38岁，是一名公务员，她选择过单身的生活，没有结婚的打算。就算追问她未来打算怎么办，也被她巧妙地避开，甚至连家都不回了。做父亲的该怎么办？

"女儿有时去海外旅行，会带伴手礼回家。我想问问她，现在过这种生活倒是不要紧，可将来怎么办？但问了她也不回答，总是溜进自己的房间里。我非常担心女儿。"这位老人补充道。

看来无论年纪多大，父亲都会担心女儿。

我是这样回答的："您担心什么呢？她自己赚钱，赚的钱和闲暇时间用在自己身上，充实的人生与忙于养育孩子和做家务的人生，哪种更幸福？除她本人外，谁也不能替她做决定。如果您的女儿选择这种人生，并且看起来很幸福，您还担心什么呢？您根本不需要担心。今后，您要想和女儿愉快地聊天，想让她认为待在家里很舒服，就不要追问她将来怎么办。"

我觉得他是在担心女儿会孤独终老。但公务员退休金多，还可以住进面向老年人的单身公寓。而且，自由的女儿不会"因忙于养育孩子而无法照顾父母"，因此父亲需要照顾时，她一定会尽心尽力。这么一想，做父亲的是不是应该感觉很幸运？

当一个和蔼可亲的父亲，顺利地把女儿养大，这才是上策，而且最好让她"喜欢回父母家"。"这个男人我不喜欢""你不结婚是怎么回事"，就算你如此逼问，女儿的人生也不会发生改变。

这么一想，与处于青春期的女儿一起谈论社会热点话题，一起共进早餐的时光是难能可贵的。女儿长大的速度超乎我们的想象，所以请各位父亲好好享受养育孩子的乐趣吧。

第三章

培养能够抓住
幸福的女儿

父亲阅读本书,不单是为了讨女儿欢心。

通过父亲与女儿之间的有效交流,使女儿的大脑成熟,进而将其培养成能够抓住幸福的女子,这才是请各位父亲阅读本书的最终目的。

父亲的愿望不就是两个吗?一个是与女儿很好地交流,另一个是女儿生活幸福。

因此,从这里开始,我们就讲一讲女儿的幸福吧。

自恋的女孩

你希望自己的女儿度过什么样的人生呢?是希望她机遇良多、美丽贤惠、人见人爱,还是希望她爱情圆满、经济无忧、安稳度日?

可是,女性获得幸福,不单单靠这些东西。即使你引以为傲的女儿聪慧美丽、性格温顺、才华横溢,也不见得就生活得很幸福。甚至越是在父母眼中十全十美的女儿,其人生的波折往往越多。

很多父亲难以理解,让女儿的人生波折多的一个重要原因是她膨胀的自我意识。

女孩擅长观察周围的人、事、物,而男孩对远处和移动的东西感兴趣。从婴儿时期起两者之间的区别就表现得很明显。

与男孩相比,女孩对周围的人、事、物的观察能力和共情能力非常强。别人逗她,她就笑;受到表扬,她就高兴。跟一心玩小汽车、叫他也不搭理你的儿子相比,父亲是不是觉得女儿更可爱呢?而母亲可能会觉得专心致志玩耍的儿子更可爱。

因为对自己和周围环境的观察能力强,所以女孩在4岁左右就开始拥有较强的自我意识——自己想做什么、喜欢什么、讨厌什么、自己怎么做周围的人会开心——形成男孩长大后也不善于表达的"主观思想"。

出神地凝望着镜子里的自己,为了讨父亲欢心而撒娇,看到年幼的女儿这样做,你是不是感慨:无论年龄多小,女人就是女人啊!这不是女儿在模仿谁,而是其天性使然。

将周围的事物尽收眼底,对眼前的事物观察入微,这样的女孩自然而然会将兴趣集中在自己附近的事物上。

多亏了这一点,女孩将来成为母亲时,才会将注意力集中在自己的孩子身上。

但是在成长阶段,女孩最在意的是位于视野中心的自己。

把喜欢的毛绒玩具和人偶放在自己周围跟它们说话,或者把它们抱在胸前,体会自己存在的感觉。女孩之所以迷恋公主玩偶,是因为其将自己投射到

了玩偶上。女孩喜欢美少女战士,不是因为她们"强大、是正义的伙伴",而是因为她们"可爱、神采飞扬"。

对女孩来说,"强大"只是让自己神采飞扬的一种修饰。女孩比较"自恋"。

而男孩在青春期以后才能表达"自己的思想"。但与女孩不同的是,男孩很早就拥有了"客观性"。

男性大脑天生就有很强的空间识别能力，对于距离和位置关系的把握十分准确。在没有地图、标识和GPS（全球定位系统）的远古时期，男人们之所以能在荒野里狩猎，并再次返回洞穴，是因为他们拥有瞬间理解广袤空间的能力。如今的男性也继承了这种能力。

据说，男孩在出生8个月后就有3米高的俯瞰视角。在会爬的时候，男孩已经用从3米高空俯视自己所在之处的假想视线来了解世界，比如，在13平方米的客厅里，男孩已经能掌握客厅的形状，自己与摆放物件的位置关系，一边意识到自己处于整体的什么位置，一边玩耍。不久，男孩就会为比自己高的位置或者机械装置的运转所吸引，迷上施工现场铲子上下移动的挖掘机、路上的汽车或者公交车。

成了小学生后，男孩就会画一些从正上方俯视滑梯的展开图，或者从斜上方俯视挖掘机的构造图。

而同龄的女孩则千篇一律画得像抓拍照。

男孩喜欢关注远处和移动的东西,比起自己,他对汽车和公交车更感兴趣。最终,世界会成为他感兴趣的对象。到了6岁,这个感兴趣的对象会上升到宇宙。

请各位父亲回想一下自己小时候。你会迷上汽车和拼装模型,但是不会迷上自己。你会对宇宙和昆虫动心,但是不会对装饰自己的道具(衣服、饰品等)动心。

这就是大脑的性别差异。根据生殖战略,男性优先养成"为了外出狩猎和征服世界所必须的理性思维模式",而女性则优先养成"保卫自己和所爱之人的感性思维模式"。

为什么对于女性来说自己最重要?这是因为在哺乳动物的生殖活动中,雌性自身的健康是生殖的大前提。要说为什么她们喜欢美味的食物和舒适的生活,正是因为"丰富的营养和舒适的环境"对生殖有利。

女孩的"自恋"和"想比任何人都受到重视"的想法不单纯是任性使然,这是由人类的生殖本能决定的,是正确且强烈的欲求。

但如果一不小心让自我意识过度膨胀,这个过于强大的自我,最终会让女孩陷入痛苦。因此,削弱自我意识才是培养成熟女性大脑的一大主题。

好孩子综合征

生活中过分以自己为焦点,是一件非常痛苦的事情。

我经常在教育入职新人时建议他们不能把"想变成这样的人"作为目标,而是把"想做这样的事"作为目标。

如果把"想变成这样的人",即"做出色的人"当作目标,一旦失败,就容易让人一蹶不振。如果挨批评了，心情就会一落千丈。

一个人如果把"想做这样的事"，即以"研究出世界一流的待客之道"或者"创造出业界第一个产品"为目标的话，即使失败了，他也会认为这是因为"自己的目标定得太高了，还要继续努力"。如果被人批评了，他就会想办法进一步提升能力，而没有工夫沮丧。

以"做出色的人"为人生目标的人，会在别人对自己评价的喜忧中度过每一天，无法真正热爱本职工作。这么一来，他就找不到自己的专长，在生活中也很难邂逅对自己一心一意的人。

有这种人生目标的女孩往往只能一面冷眼旁观找到自己的专长、活跃于专业领域的朋友，以及遇到真命天子而备受宠爱的朋友（她们觉得自己更可爱），一面觉得自己平庸的人生越来越空虚。她们既没有在工作上大放异彩，也没有在生活中找到好伴侣。

这就是令许多人恐惧的"好孩子综合征"。

环顾四周,你身边的女性是否有以下特点:

· 喋喋不休地讲自己的事情。

· 被害妄想意识强烈,爱抱怨。

· 比起"拥有的东西",心思更集中在"没有的东西"上,从而伤心。

· 稍有失败就会过分消沉。

· 稍有挫折就撒手说再也不干了。

· 喜欢自我吹嘘,虽然信心十足,却又有颗玻璃心。

· 在优雅安静的酒吧和咖啡馆里大声喧哗。

· 一说起话来滔滔不绝,不顾旁人。

· 没有时间观念。

· 抢对方的话说。

· 突然发脾气,不高兴。

喋喋不休地讲自己的事情

爱抱怨

以上都是好孩子综合征带来的弊病。

不仅她本人活得痛苦，与她关系亲近的人也很痛苦。

她本人会被"为了得到周围人的认可，明明很努力，周围的人却没有像自己想象的那样认可自己"

这种不满足感折磨。

削弱女儿的自我意识是父亲的工作

20世纪70年代有一部名叫《草原小屋》的电视剧。故事以西部开拓时代的美国为背景展开，讲述了一家拓荒者的生活。

在这部播放长达8年、描述孩子们成长经历的电视剧里，有一个片段令我终身难忘。

主人公罗拉有一个美丽聪慧的姐姐。看到自己心仪的男生望着迎来青春期、出落得越发楚楚动人的姐姐出神的时候，罗拉决定要变得像姐姐一样。

她时而举止优雅宛若淑女，时而在胸前垫上东西，或穿上姐姐的连衣裙。一天，一直守护着罗拉的母亲告诫她说："如果你扮作他人，那么只爱你本来样子的人该如何找到你呢？"即使模仿姐姐，也完全不奏效，正为此烦恼的罗拉通过这句话找回了自我，最终成长为一个性格直爽、内心善良的漂亮女孩。苗条、顽皮的她，与姐姐在不同的方面使人着迷。

这段剧情也戳中了当时处于青春期的我的心。人不应该模仿某人或者活在别人的期望中。这是我人生中第一次深深领悟的道理。

另外，这位母亲的话也太精彩了。对女孩来说，母亲的真正作用不就在这里吗？

反观如今的社会，母亲倾向于"将女儿塑造成理想女性"。她们希望女儿学习好，有礼貌，积极上课外兴趣班，做一个人人羡慕的孩子。或者，希望女儿像自己的闺蜜一样与自己拥有共同的梦想，成为出色的第二个自己。

若是早点儿违背母亲的愿望还好，因为不辜负母亲期待的女儿会变成母亲的牺牲品。毕业之后是工作，工作之后是结婚，结婚之后是生孩子，最后是孩子的教育……母亲对女儿的要求永无止境。

这样一来,女儿的自我问题非但没有解决,反而会被母亲的自我吞噬。

21世纪的女孩,要想像罗拉一样能够坦诚地爱自己,就需要父亲的帮助。

那么,父亲该怎么做呢?

首先,请父亲无条件地爱女儿

父亲只要充分爱女儿即可。即使没有特别的事情,也可以微笑着看着她,听她倾诉,与她产生共鸣,告诉女儿她很可爱,爸爸爱她,无论说多少遍都可以。

有人会认为就是因为父亲溺爱女儿,女儿才性格倔强。这是一个天大的谎言。

不过,父亲的爱绝对不能成为某种交换条件。因为女儿是"好孩子""学习好""努力了"就笑脸相迎,否则就冷眼相对,被这种父亲养大的女儿,会拼命想超越"父亲的评价标准"。这样一来,进入学校后,她就会挖空心思讨老师喜欢;进入公司后,她会处心积虑地讨上司欢心。

对女儿的爱,并不会因为无条件就没有意义。只要女儿在那儿,父亲就觉得她很可爱。父亲只要将这份心情用语言或者态度表现出来就行了。

男性拥有客观性很强的结果导向型大脑,因此男性希望被表扬的不是"自己",而是"成果"。若是不管"成果"如何,大家的态度都一样,男性就没有继续前进的动力。勇敢战斗救下公主的勇士与因胆小而藏起来的懦夫,都平等地得到了公主的吻,恐怕难以服众吧。

然而,女性希望被别人认可的是"自己",而非"成果"。为了提高女儿的上进心,父亲却根据男性大脑的思维模式,一味地表扬女儿取得的"成果",这样会让女儿陷入对爱的渴望中。

父亲只要尽情宠爱女儿就好,绝对不要有交换条件，要无条件地去爱她。这是削弱女儿自我意识的一个前提条件。

接下来明确告诉女儿，她不是最重要的

用无条件的关爱巩固父女关系，在此基础上，父亲再明确地告诉女儿："在这个家里，你的妈妈、我的妻子比你更重要。"

我认为，同时知道"自己不是最重要的"与"父母关系和睦"这一幸福的事实，是削弱女儿膨胀的自我意识的唯一方法。

很早就将意识集中在自己身上的女孩，其自我将在青春期发展到极致。只不过是刘海剪得太短了，她就觉得仿佛世界末日来临，学校也不想去了。这无非是因为大脑感知的"世界"的绝大部分都被"自我"占据了。

"世界不是我一个人的。不是全世界的人都在

关注我。从世界范围来看，我太渺小了，存在或不存在，世界都没有什么改变。我只要轻松地享受生活就可以了。"女孩要想明白这个道理，最重要的是，她要知道在这个世界上，有比她更受人尊重的人，而且她能够真心为此感到欣慰。

因此，父亲把母亲放在第一位，对削弱女儿的自我意识有显著效果。

不能以"成为有作为的人"为目标

我在第一章中写过，上小学五年级时，我与母亲吵架，父亲跟我说："这里是让妈妈感到幸福的家，把妈妈惹哭了，就是你不对。"

父亲说得直截了当，因此我豁然领悟了"世界不是围着我转"这个道理。

"家"不是我一个人的舞台，自己不过是"家"的一个组成部分。但是，自己是一个重要的组成部分，为此我感到自豪。我可以不带任何负面情绪，将这种感觉留存在心中。

如果把"家"换成"公司"，女儿长大后作为一名员工的思想准备就做好了。

如果把"家"当作是为自己而设的舞台，那么长大成人后，女儿就会把"公司当成实现自我的舞台"，把"成为有作为的人"作为目标。

我从来没有想象过"成为有作为的人"或"变成时尚的职场丽人"。我只是一心想成为一名能独当一面的匠人。我年轻时，日本还是个技术落后的国家，因此我可以树立无数个目标。总有一天，我会研究出日本特有的人工智能。我一门心思想着这一点。无论是失败还是失误，目标总是在那里闪耀着璀璨的光芒。我觉得自己还差得很远，这反而燃起了我的斗志。

把"成为有作为的人"当作目标，一旦失败，就会感觉像是世界末日要来了，因为目标的中心是自己。这么一来，获得他人认可的欲望就会增强。如果没有经常被表扬、被人宠爱的话，她就会感觉不安；工作上不过是被指出问题（做新人期间这本是家常便饭），她就如同遭受人格被否定般的打击。并且，若是身边出现比自己更优秀的人，她就会心生妒忌，怀有成见。

越是优秀的女性，往往越容易嫉妒、偏执。这是一个恶性循环。嫉妒、偏执只出现在有"竞争"的土壤里。尤其是"以取得第一为目标的人"知道自己成不了第一时，这种感情最为强烈。

自己创造出来的疾病

有强烈自我意识的人，无论多么有魅力、多么聪慧，都会被自卑感束缚。不，不如说越美丽聪慧的女子，越容易被自卑感束缚。自卑感的根源在于过于追求完美。

"我这种人，完全不行"，像这样犹豫不决的人，深信"真正的自己应该更优秀"。她们总是以"完美的标准"来衡量自己，所以一旦轮到自己上场，自我评价就会变低。这与其说是谦虚，不如说是傲慢。

由于感到自己没有得到"理想的自己"应该得到的欣赏和喜爱,她们便总是对周围的反应和评价不满,其欲望也总得不到满足。

有一个词叫"夫源病",意思是由于丈夫言辞或行动不体贴,导致妻子出现心悸、头晕、强烈不安、烦躁等症状。据说严重的话,会表现出抑郁症的症状。因控制新冠疫情而实施的居家隔离,使"夫源病"再次受到关注。

但是,丈夫的所作所为很多时候并非那么罪不可赦。比如,丈夫对卧病在床的妻子说"没关系,我在外面吃完饭再回来",而选择在外就餐(妻子却认为"根本就没想过我");丈夫询问外出的妻子去哪儿、几点回来(妻子会认为丈夫"就是不喜欢我外出呗")……他们做的这些事情到了可憎的地步吗?

对于前者,妻子只要说一句"回来时给我买点儿好吃的"就行了;对于后者,妻子只要说"就到附近逛逛，几点回来不知道"。

若是被丈夫问"就做了这么点儿菜吗"，妻子只要明快地回答"是呀。不够的话，还有拌饭"即可。没有必要把丈夫的话理解为"一整天待在家里，就做这么点儿菜"。

与其说丈夫是病因（很多男士的确沟通能力低，过于大大咧咧），不如说妻子过于想当"贤妻"，她的反应看起来像是自己在掐自己的脖子。

是不是因为想成为完美的妻子，所以丈夫的无心之言听起来才像是讽刺或埋怨呢？又或是，因为自认为主妇就应该待在家里，所以丈夫的询问听起来才带刺呢？

擅长做菜、爱干净、有品位、支持丈夫——这些都是一个"好妻子"应该做的。这样想的女人希望自己成为"好妻子"，所以为此不辞劳苦。如果被丈夫赞美一次，她就希望再次被赞美，从而勉强自己。

她曾经为了讨父母欢心而努力过，如今又为了得到家人和社会的认可，依法炮制，不断勉强自己。但在某一天，她心里的这根弦因为丈夫的一句话，"嘣"的一声断了。

如果将此当作疾病的话，这是由于自我意识太强而导致的"自源病"。

的确，在她本人看来，自己出于好意，拼命努力，然而丈夫对此不理解，孩子不听话，上司不认可，父母不感谢。这是因为她实际上是以"成为贤妻良母、时尚的职场丽人、好女儿"为目标。

这也是好孩子综合征的一种症状。有这种症状的女人无法控制自我，只能在人生的大海上随波逐流。所以说，父亲的责任重大。

彻底贯彻妻子优先的原则

从前,父亲教育自己的女儿"要知道分寸,要知道自己在家庭中的地位"。这种做法在社会学层面有问题,然而从"削弱自我意识"的角度来看,或许并非一无是处(当然这不是最好的方法)。

现代开明的父亲用"好孩子"这个评价标准娇惯女儿,实行"成果主义",让女儿的自我意识变得膨胀。然而,跟女儿的关系像朋友一样的平成年代(1989—2019)和令和年代(2019—)的父亲,已经不会再说"你要知道分寸"这句话了。现代的父亲该做的是——下定决心维护妻子。

一方面,父亲要告诉自己爱女儿只是因为女儿本身的存在。另一方面,父亲要告诉女儿在家里她不是最重要的,让她知道自己的位置。父亲首先应该疼爱的是自己的妻子。

父亲首先要贯彻的是妻子优先的原则。在寿司店的吧台前就座时，父亲要先指定妻子的座位，然后自己再坐在她旁边，再让孩子坐在他与妻子旁边。要是在西餐厅的话，即使是家庭餐馆，也要让妻子坐在里面的座位，然后决定自己坐在哪里，最后让孩子坐下。

如今的父亲，对待女儿像对待公主一样。"来，这里，宝贝坐这儿。爸爸坐这儿哟。"父亲觉得女儿可爱当然可以理解，但是因此让女儿优先就座就不可取了。父亲首先应该冷静下来，好好建立起家庭应有的形态。

去西餐厅让孩子先坐这种事，在欧美国家是不会发生的。二十几年前，我曾带着还是小学生的儿子在欧洲工作了一段时间。在西餐厅里，即使是4岁左右的男孩，也会让奶奶（或外婆）先坐，看到同行的女性坐下之后，自己再坐下。男孩在女孩坐下之前，绝对不会坐下。看到这里，我真的觉得他们很酷。即使是在音乐会会场,也是奶奶(或外婆)先坐,之后是妈妈,他们才安心地坐下。女性之间也是年长的先坐,年轻的排在后面。

想建立恰当有序的家庭形态,父亲应该最先教给女儿这个重要原则。不能允许孩子先冲过去说"我要坐这里"之类的事情发生。

要有不抱怨妻子的觉悟

或许是因为女儿与父亲有一半的遗传基因相同,父女俩讨厌妻子(母亲)的地方也非常相似。

"妈妈在这种事情上很散漫吧"或者"在这种事情上妈妈容易冲动,很讨厌吧",在对妻子(母亲)的看法上,父女俩不谋而合。"对对,我明白我明白",父女俩像这样串通一气,抱成一团,不但心情舒畅,关系也更加紧密。

为了教育女儿,有的丈夫把妻子当作反面教材,借机告诉女儿什么事情不能做。

父亲必须停止这种做法。它会让女儿的男性观变得狭隘。如果女儿的大脑里留下"男人是没事就挑妻子毛病的生物"这样的烙印,她就不会信任她以后的丈夫。她会把丈夫的话反过来听,使自己受伤,最后患上名为"夫源病"、实为"自源病"的疾病。

若想让女儿拥有单纯的幸福,并与长成大姑娘的女儿建立起良好的关系,做丈夫的平时就不要在背后抱怨自己的妻子。

要有维护妻子的觉悟

妻子与女儿吵架时,正是男人维护妻子的最佳时机,无论如何男人都要站在妻子这一边。

母女关系原本就容易紧张。

女性能感知周围 3 米范围内的事物。与其说她们是用眼睛看，不如说是像用触角试探一样感知周围环境，不错过丝毫的变化。如果自己的空间被别的触角试探的话，不管好坏与否，她们都会烦躁。这是大脑的本能使然。

我的母亲和祖母曾就糖和盐的摆放位置展开了旷日持久的斗争。祖母平时一个人在信州生活，只有冬天农休时，才与我们一起住。因为是寄居在母亲掌管的家里，因此祖母从不唠叨，但她唯独在意糖和盐的摆放位置。祖母饭后收拾厨房时，会把糖和盐调换位置放。母亲下次做饭时，又会默默地把它们恢复原位。然后，祖母再把它们调换过来……事情就这样永无休止。

估计刚开始祖母擦放调料的架子时，就顺手把糖和盐摆成跟在自己家厨房里一样的顺序。但如果一直不停地这样做，这种举动肯定会在哪一天变成"战争"。

一个家庭里若是有两个女人，双方的"自我"

会在不经意间碰撞,毫无理由地引发彼此的愤怒。例如,有时她们会因为一枝花的插法相互看不顺眼。其实并不是"插花技巧"本身有问题,只是因为这与她们想的不一样,所以双方都觉得失望。

即使有人想主持公道,也无济于事。要是丈夫插嘴说"这个插法不是很漂亮吗?她很有品位嘛",那地狱的大门就向他敞开了。

不仅婆媳之间会如此,母女之间也有看不见的结界。因此,女儿和妻子发生争执时,认真追究事情的缘由是没有意义的。

即便妻子抱怨女儿,她也不是希望丈夫训斥女儿,更不希望丈夫为了安慰她说"女儿没有恶意"之类的话。丈夫只要一边维护妻子,一边耐心地听她诉说即可。

不过,对于男性来说,"维护妻子的方法"有时有点儿难以实施。因为男性大脑的思维方式使其习惯用善恶对错来评判世界。

有时做丈夫的会对妻子说"孩子说得也有道理嘛",有时会回应女儿"你说得对!你妈妈就这一点不好",关键时候容易掉链子。即便他加上"不过,你也要听妈妈的话",那也不算是维护妻子。

我的父亲说过:"这里是让妈妈感到幸福的家,把她惹哭了,就是你不对。"据说艺人浩己[①]曾训斥儿子说:"你小子怎么跟我女人说话的?"

他没有评论孰是孰非,但他说的这句话是多么有说服力啊!无论是从妻子的角度来看,还是从儿子的角度来看,他都是一位非常帅气的丈夫和父亲。

父亲不用主持公道,只要将"希望女儿不要用这种语气跟爸爸珍视的人说话"的心情传达给女儿就好。避而不谈哪一方是正确的,这就是窍门。

总而言之,想让女儿幸福,父亲需要有这样的觉悟。

---

① 浩己:小园浩己,日本搞笑艺人、主持人、实业家。

> 这里是让妈妈感到幸福的家,把她惹哭了,就是你不对!

🙍 有时也需要维护女儿

顺带说一句,年幼的女儿被母亲训斥时,应对方法也应该略有不同,所以我再补充一下。

女孩从小就有敏锐的观察力，喜欢照顾别人。我儿子在幼儿园时，同为2岁的孩子，有个小女孩居然很勤快地给他换短裤。据幼儿园的老师说，这是常有的事情，如同玩过家家或玩布娃娃的延伸。

仔细想来，女性从小就有母性本能，明明自己还是个宝宝，却要照顾布娃娃喝奶。这是多么可爱的行为啊！

然而，这种行为有时会惹恼母亲。即便女儿的观察力和母性渐趋成熟，但实际行动并不熟练。而且，她们还无法用语言来形容自己的心情。

女儿想帮妈妈干活儿，结果一伸手就打翻了盆。"你为什么要捣乱？！"即使被骂，年幼的女儿也说不出"我看妈妈累了，所以想帮帮忙"这种话。

挨骂时，女儿因自己的想法和被骂这件事产生了巨大的分歧，陷入混乱。明明不是"捣乱"，却被冤枉，她又无法辩解。她若是因为这个哭起来，更会让母亲怒不可遏。如果母亲刚生下弟弟或妹妹，神经非常敏感，事态就会变得更加严重。

如果父亲目击了这件事，请立即带女儿出去。对于母亲而言，她也希望女儿从眼前消失，能舒一口气，冷静下来。

这时，希望父亲能对女儿说："你是想帮忙对吧？爸爸都看到了。"

无论什么样的孩子都不会故意捣乱。他们是受好奇心驱使，或者想帮忙才出手的，结果却让父母陷入了为难的境地。希望父亲能体谅女儿这份真诚的心意，好好地安抚她。

2岁左右的孩童会做出让人恼火的举动，例如：弄倒奶瓶、一个劲儿地抽纸巾、把玩具扔出去再让人捡回来……这些行为也是由好奇心引发的。

他们大脑中想出来的事情，跟物理学家的实验并无二致。因为他们来到这个星球还没多久，所以想实验一下——奶瓶不管倒下多少次，牛奶都会画出那条美丽的曲线吗？纸巾抽到什么时候才会抽不出来呢?

儿子打翻奶瓶时,我情不自禁地说了句:"欢迎来到地球。"

正是因为大人认为必须教会他什么事情不该做,才把孩子的大多数实验行为看成是捣乱。严厉指责孩子2岁时期的"大脑实验",将来再叹息他们"为什么数学和物理学不好"也晚了,因为大人早就掐掉了孩子好奇心的萌芽。

所以我才讨厌"叛逆期"这个词。实际上,那是"实验期"。

话虽如此,每天忙得团团转的妻子,没有心情欣赏孩子的这种实验,也是正常的。所以我希望至少父亲在家的时候,可以体谅一下孩子的心情,主动承担事后处理工作。

但是,丈夫也不能谴责妻子感情用事,既要理解妻子发火,也要抚慰女儿受伤的心灵。虽然有点儿难度,但父亲必须巧舌如簧。

如果错失了领女儿出去的良机,就找其他事情,让她重新挑战。比如,"能不能帮我一起把饭碗摆好"或者"能不能给爸爸倒杯啤酒",等等。

父亲给予女儿对丈夫的信任

维护妻子所带来的结果并非只是削弱女儿的自我意识。

我非常信任我的丈夫。这份信赖,不是我的丈夫,而是我的父亲给予的。父亲断言这个家要让母亲感到幸福,使我对于"丈夫"这个存在产生了无比深厚的信任。他让我相信,男人一旦认定一位女子为他的妻子,就会二话不说,献上自己的人生。

我的母亲也有被爱的价值,是一个可爱的人。她一方面说话逻辑不通,强词夺理;另一方面又幽默风趣,有很多享受生活的好点子,甚至对出入家里干活儿的人也关怀得无微不至。母亲生活幸福的话,这个家也会充满阳光。我有一对好父母。

遗憾的是,我没有母亲的这种才能。但是,我有对丈夫完全的信任。

对于我的信任,丈夫认为必须做出回应,让我感到"这里是能给我幸福的家"。

父亲赋予我对丈夫的信任,保护了我这个不怎么可爱的女儿。

跟女儿聊聊她出生时的事情

我在前面写过,削弱女儿自我意识的前提条件是,向她表露"无条件的爱"。

然而,也有一些父亲觉得已经来不及了吧。我来教你们一个无论何时都能重新开始的绝招。

那就是讲讲她出生时候的事情。

我与父亲的关系不是不好,但我一直认为父亲最重视的是弟弟。

关于我的出生，母亲常对我说："你爸爸说他才不会生下女儿这种没用的东西，所以压根儿就没想过取女孩的名字。我觉得要是生下的是女儿就太可怜了，每天都以泪洗面。"对怀着宝宝的妻子说这种话，父亲真是太过分了。

还有一个故事。听说母亲怀弟弟时，因为不想失望，父亲只考虑了女孩的名字。弟弟出生后，他才急忙想名字。

虽然父亲也爱我，但是他更想要儿子，弟弟出生时父亲真的很开心。这个念头一直在我内心的某个地方留下阴影。

但是，我的儿子出生时，父亲轻而易举地就将这个阴影扫除了。刚出生的儿子与我长得一模一样，父亲一边看着这个外孙，一边喃喃地说道："这让我想起你出生的时候。我真的很高兴。因为你是我们家的第一个孩子，所以你的每一步成长我都忘不了。你弟弟出生的时候，我就不这样了。"

我震惊了。过了这么多年,我才深深体会到我是在父亲的关爱中长大的。于是,不可思议的是,我想起了被晚上小酌的父亲抱在怀里吃着下酒菜的日子。这么想来,我也是一个被娇惯着养大的孩子。

即使是对 31 岁的女儿,父亲也可以说这番话让爱从头开始。对处于青春期的女儿,甚至是对 50 岁的女儿,这个方法都会有效果。在女儿从这个世界"毕业"之前,请父亲务必讲给她听。

我认为父亲可以对所有孩子说:"你是最……"即使同时对三个人说"你是最可爱的"也无妨。三个人并列第一又如何?

就算父亲去世后,孩子们知道原来父亲对每个人都这样说过,那也没关系。大家只会因想念父亲而哭泣,而不会真的责怪父亲。

不过,如果你介意的话,不妨改变称赞的内容,如"你最让我记忆深刻""你最可爱""你最耀眼"等。

是的,爱无论什么时候都可以从头开始。这就是父女之间了不起的地方。

给女儿"不必赢过谁,只要在这里就好"的感觉

父母讲述我出生当天他们喜悦的心情,是对我的存在本身完完全全的肯定。

曾有人在书评里这样写我:"这个人毫无根据的自信让人望而却步,但也有发人深思的地方。"朋友甚至当面问我,那份毫无根据的自信是哪来的?

用我的话说,它是"反复考察"后的确信,有充分的根据,但估计这些人指的是我拥有坚定不移的态度吧。

我确实不胆怯。我从来不跟别人比,也不会对自己跟别人之间的差距感到胆怯。在某种意义上,我缺乏"谁正确"或"谁赢了"的概念。

我之所以发言,是因为我想向他人展示我大脑中产生的灵感。仅此而已。赢过谁,与别人攀比,

想得到称赞——我无心用这种方式证明自己的存在。

这大概是源于父母对我的养育方式吧。我的父母从来没有拿我跟他人相比或是诋毁我。我也没有被父母按照社会标准责难过。

除此之外,在我31岁那年的夏天,父亲说出我出生时的故事,对我有很大的影响。当时,我仿佛吞下一个温暖圆润的东西,它将我从隐约感受到的意欲"证明自己存在"的枷锁中解放出来。

不必赢过谁,也不必证明什么,只要我在这里就好——就是这种感觉。

我不能保证所有父女之间都会发生这种奇迹,如果有可能给女儿这种感觉,父亲是不是会觉得有尝试一下的价值呢?

在女儿的心中,的确存在着只有父亲才可以填补的空白。

父亲的悲伤造就女儿的自尊心

我几乎没有被父亲骂过的记忆,因为父亲责备我时,使用了"伤心"一词。

父亲的确很少骂人。他从来没有说过"不要迟到""赶紧做作业""快点儿睡觉"等有关生活和学习习惯的话。

我在父亲所在的学校念书时,父亲是教导主任。有一次学校举办"消灭迟到活动周",当时父亲与纪律委员一起站在坡道上面的校舍前。父亲对着快要迟到的我,笑着喊道:"吉泽(我的娘家姓),跑起来。"

在父亲的课上忘记带地图时,我也和其他同学一样被罚站。当天晚上,我也没有挨骂。

即使如此,父亲也不是对不懂世事的女儿一句话也没唠叨过。那种时候,父亲使用的是前面提过的"伤心"一词。

我一说不想干什么,他就说"好伤心呀"。我要是说最讨厌什么,他就说"那可太伤心了"。从我非常非常小的时候起,父亲就这样教我什么事情不能做,什么事情应该做。

我没有觉得那是在挨训,只是觉得父亲的伤心也令我伤心。

因此,我每次都停下来,努力不再使小性儿。父亲的伤心,比起"快点儿做""不可以"之类的话,更加能触动我。

长大成人后,在社会上碰到不讲理的人时,我会想起父亲。我觉得发生这样的事,父亲一定会为我伤心。

因此我才能一次次忍下来。即使被贬低、被侮辱,我也能够不屈服,挺起胸膛。我无论如何也做不出让父亲伤心的举动。

这是父亲的悲伤带给我的——用语言来表达的

话，就是"自尊心"。

父亲必须无条件地疼爱女儿，尊重妻子，并为她们伤心。因过于重视女儿而对她娇生惯养的话，只会让女儿的自我意识变得膨胀，养成她自恋的性格。

年轻的时候，我之所以没有打耳洞，染头发，说脏话，并且遵守门禁，每日读书，是因为我觉得如果我不这么做，父亲会伤心。

即便如今父亲已经去世7年了，"不做让父亲伤心的事情"仍然是我的人生准则。

现在的父亲缺乏悲伤。聪明、年轻的父亲增多，他们与女儿关系亲密，这也不失为一件幸事。但是距离太近，父亲就没有说出"好伤心呀"这句话的机会。

过去的父亲不娇惯女儿，却可以为她伤心。对女儿说完重话之后，父亲往往不知所措。但是，他们的背影传达出了悲伤。

在既没有短信,也没有手机的时代,父亲伫立在门外,等着晚归的女儿。面对说"对不起"的女儿,父亲只是说"你没事就好",然后转身进屋。但他的背影充满了忧伤,那是因为他想到女儿马上就要从自己的羽翼下飞走了。

如今的父亲以什么样的形式将"伤心"与"自尊心",传达给年轻的女儿呢?

父亲向女儿传达悲伤的方法

昭和时代的父亲作为一家之长,因为对家人和亲人负有责任,所以能够摆架子。又因为要摆架子,所以父亲不能露出软弱的一面。女儿从父亲那不能示弱的背影中,感受到了父亲的孤独和悲伤。

相反,如今的父亲仿佛把女儿当成密友。父亲对女儿摆不起架子,也表露不了悲伤。

"最近你回家晚,还染头发、化浓妆,这样做好吗？"父亲想问问这样打扮的 19 岁女儿，但无论说什么都会被女儿轻松化解。"悲伤什么的，该怎么传达呢？对我来说难度太高了。"这是父亲的困惑。

在父亲看来，女儿在青春期后跑向了自己不希望她去的方向。对此，大多数父亲都束手无策。

朋友的女儿面对父亲的追问，只用"打工""在练歌房""高中朋友聚会"这样的话回答，说完就立刻进入房间不出来。

我问他是怎么问的，他说自己会问女儿"这么晚回来，都干什么去了？你去哪儿了？跟谁去的"……这些正是犯忌的"5W1H"式提问！

如我在第二章中所述，"5W1H"式提问跟逼问类似，只会让对方感到被威胁。威胁和愤怒是建立不起自尊心的。

当女儿的所作所为违反父亲的意愿时，正是父亲传达悲伤的最佳时机。在此，我推荐昭和时代父亲的做法。

像昭和时代的父亲一样，在女儿回来之前，你就坐在门口等她。如果她半夜回来，你就说一句"啊，你没事就好"，然后快速回房间睡觉。

不好意思，接下来我举的不是父亲而是我丈夫的例子。在新婚时期，我因喝酒错过了末班车，凌晨一点左右才到家。到家之后，我发现丈夫在玄关双腿盘坐着睡着了。我吃了一惊，跟他说"我回来了"，丈夫只说了一句"啊，太好了，你平安回来了"，然后就直接回房间睡觉去了。当时还是没有手机的时代，我记得自己深刻反省过："啊，我真的让他担心了。这种事情，再不能有第二次了。"

当然，与昭和时代相比，现在玄关的风景和灯光或许都不同了。尽管如此，你还是在玄关等她吧。如果女儿惊呼："爸爸，这么晚了你在干什么？"你只需丢下一句"啊，你平安回来了"即可。请父亲尝试一下这种做法。

当女儿说要打耳洞，要把头发染得更亮时，如

果你不愿意,就请伤心地说:"你要在那么漂亮的耳垂上打洞吗?"或者说:"你要染那么艳俗的发色吗?"

可能你这样说了,女儿照样会打耳洞、染头发,或许还会穿上很短的短裤。但是,你不必在意。此处重要的不是让女儿听话,而是将父亲的悲伤传达给女儿。父亲的悲伤应该会一直留在女儿的心中。

后记

父爱将守护女儿的一生

前几天,我看到一个描绘父亲和女儿的电视广告。

"我走了。"女儿道别离家,父亲目送女儿出门,随着时光流逝,画面不断切换。镜头是以父亲的视角拍摄的。父亲没有出现在画面里,摄像机就是他的视线。看电视的人会产生一种错觉,仿佛自己就是目送着女儿出门的那位父亲。

还是小学生的女儿,笑容可掬地向父亲挥手告别。成为高中生的女儿瞥了父亲一眼,一脸嫌弃地溜之大吉。步入社会的女儿,声音响亮地说了句"我走了"。成为新娘的女儿带着她新的家人,真诚而温柔地道了声"我回来了"。

这部作品仅用几十秒就将父亲与女儿的"半生"描绘了出来,堪称杰作。

一起看广告的儿媳妇低声说道:"啊,这个感觉我懂。我也有这个时期。为什么上初中和高中的时候,我就那么烦父亲呢?"

就连45年前身为高中生的我,也有过类似的经历。

"某段时间,为什么那么讨厌父亲呢?而如今又为什么这么喜欢父亲呢?"很多女儿长大成人后,都会这样想。

就我自己而言,我做人的原则源自父亲,我的自尊心是由父亲培养出来的。以前,阿川佐和子[1](抑或檀富美[2]或者向田邦子[3])曾用过"父权制女儿"一词。它是指在父亲的影响下成长的女儿,无论结

---

[1] 阿川佐和子:日本演员、小说家、随笔作家。
[2] 檀富美:日本演员、主持人、随笔作家。
[3] 向田邦子:日本剧作家、随笔作家、小说家。

果是好还是坏。我也是一个"父权制女儿"。

父亲与女儿，或许有这世上感情最深厚的"男女缘分"。

作为男人活在世上，能够拥有女儿，是上天的恩赐。

每当想到我的父亲，想到沉浸在他那无与伦比的信赖中，想到没能给丈夫生下一个女儿时，我都由衷地感到遗憾。

不过，由于我们家奇迹般地来了一位举止"像小学生一样天真无邪"的儿媳妇，她和家人关系融洽，这让我松了一口气。儿媳妇时而从我儿子的盘中夹走自己喜爱的食物，时而毫不犹豫地呵斥我的儿子："孩儿他爸，不要吸纳豆！很恶心！"看到这一幕，我感到很欣慰。同时，我也感受到她是在父亲的宠爱中长大的，心中不由得一热。

她的父亲在20岁左右就为人父了。据说，他是一位相当搞怪的父亲。两年前，儿媳妇嫁过来时，似乎跟她父亲还有隔阂,以至于扬言"不请他来参加婚礼"。

然而,看到儿媳妇娘家寄来的"七五三"①的照片时,我感慨万千。二十五六岁的年轻父亲,穿着时髦的西装,站在身着奢华和服的女儿身旁。他极力挺直腰板,露出骄傲的神情。毕竟在当时的年代,大多数年轻人都以自我为中心考虑事情……

回头去看,只见儿媳妇哭得泣不成声。父爱穿越时空,击中了女儿的心。神奇的是,照片里的父亲,与此刻抖动着肩膀啜泣的女儿,年龄相同。

拍摄这张"七五三"照片的20年后,父亲又站在了女儿身旁。这次女儿身着洁白的嫁衣,美得令人窒息。父亲自豪地挺起了胸膛,就像那张"七五三"照片上的样子。

---

① 七五三:日本一个独特的节日,每年的11月15日,3岁、5岁男孩和3岁、7岁的女孩,都会穿上传统和服,跟随父母去祭拜,祈求健康成长。回家的时候,还会到照相馆拍照留念。

父亲的爱会跨越时空延续下去，它是女儿长大后，依然会铭刻于心的东西。女儿会随着年龄的增长，逐渐找回父爱。所以，如果"现在的女儿"讨厌父亲，请父亲不必介怀，父亲只需要坚定地继续照亮女儿的人生道路。

养育女孩的 40 个秘诀

1. 了解"女性大脑"是养育女儿的大前提。
2. 如果父亲了解"让女儿大脑成熟的方法",就能帮助女儿更早地走上幸福之路。
3. 父亲不能突然对女儿提出"5W1H"(什么时候、什么地方、什么、谁、为什么、怎么样)式的问题。
4. 借"察觉对方的变化"来展开谈话对 11 岁之前的女孩十分有效。
5. 对于大于 11 岁的女孩,话题的引子是讲自己的事情。
6. 经常询问女儿意见,是父女展开心灵对话的方法之一。
7. 父亲主动示弱,说说自己的糗事,也能让女儿打开话匣子。
8. 家里添了新生儿时,父亲要加深与大女儿的关系。
9. 父母在女儿面前展露内心的脆弱,是与女儿沟通中的最佳调味料。
10. 父亲跟女儿聊聊关于物理和数学的话题,有助于她获得客观看待世界的方法。

11. 父亲和女儿谈论社会热点话题，可以提升女儿的认知。

12. 父亲有自己的兴趣爱好，能让女儿觉得世界上有许多有意义的事可做。

13. 告诉女儿，学习的目的是为了获得看待事物的方式。

14. 不要让女孩过早地为应试而学习。

15. 父亲要向女儿传达"就算没有战胜什么，就算不比别人优秀，你只要做好自己就行"这一信息。

16. 不要用社会标准来评价女儿，至少父母双方中有一方不要这样做。

17. 父亲要全盘接受"处于青春期的孩子就是这样"的观念。

18. 女儿觉得父亲身上有异味是正常的，父母要理解这一点。

19. 如果女儿对父亲言辞无礼，母亲一定要表现出伤心。

20. 如果父母想把家变成"孩子最想回的家"，就要注意说话方式。

21. 父母一定要阻止女儿在青春期减肥。

22. 为女孩的身体打下基础的是 15 岁之前摄入的全面丰富的营养。

23. 父亲要让女儿认识到：现在不好好吃饭，一辈子都长不高。

24. 不注意饮食，处于青春期的女孩的性格容易变坏。

25. 鸡蛋是"完美补脑食材"，早餐时女孩一定要吃鸡蛋。

26. 不要用甜食充当早餐。

27. 女孩长大后要拥有赚钱养家的能力。

28. 不结婚也是女孩的人生选项。

29. 警惕女儿是否有"好孩子综合征"（过分以自己为焦点）。

30. 父亲必须帮助女儿巧妙地"修剪"少女时期的自我意识。

31. 削弱女儿自我意识的一个前提是父亲无条件地爱女儿。

32. 用无条件的关爱巩固父女关系，然后父亲明确地告诉女儿，她不是最重要的。

33. 告诉女儿，不能以"成为有作为的人"为目标，而是把"想做某件事"作为目标。

34. 想建立恰当有序的家庭形态，父亲应该贯彻妻子优先的原则。

35. 父亲不要在女儿面前抱怨妻子，这样做会让女儿的男性观变得狭隘。

36. 如果女儿被妈妈训斥，父亲既要理解妻子发火，也要抚慰女儿受伤的心灵。

37. 丈夫维护自己的妻子，其女儿长大后也会信任自己的丈夫。

38. 父亲要给女儿"不必赢过谁，也不必证明什么，只要在这里就好"的感觉。

39. 父亲的悲伤造就女儿的自尊心。

40. 用克制的表情和言语向女儿传达悲伤。如果女儿晚归，等待的父亲只需说"啊，你没事就好"。

注：本书插图系简体中文版独有